知识就在得到

软技能

刘擎 等著

新 星 出 版 社 NEW STAR PRESS

PREFACE

序言　罗振宇

当年高中文理分科的时候，一位老师苦口婆心地劝我："你还是学理工科吧，文科的本事不硬啊。"

老师的话，我虽然没听，但她讲的道理，我一直是认的：行走江湖，身段不妨稍软，而本事必须够硬。

那什么样的本事才够硬呢？标准明确、边界清晰的技能。说白了，就是那些上得了考场、分得出高下、定得了输赢的技能。无论是拳脚弓马，还是数理生化，都算。

对硬技能的笃信，可不仅仅是我们这代人的特点。它深深地嵌在我们民族的文化基因里。

作为一个农耕民族的后代，我们希望"日出而作，日入而息"，"帝力于我何有哉！"我的能力加努力，最好就能直接兑换成我的收获。请不要用其他因素来干扰我对世界的控制感。

作为一个恐惧灾变的民族的后代，我们坚信"家有千金，不如一技傍身"。就算什么都没了，我还能剩下一个只身闯天涯的谋生本领。

作为一个渴望公平的民族的后代，我们期待"是骡子是马，拉出来遛遛"。通过一次次比试、一场场评测，我的力量被显性表达、被众人仰见、被不可撤回地承认，再也没有人可以偷走我的努力。

对于不甘平庸而又渴望公平的人来说，考场就是我们的教堂，硬技能就是我们的甲胄。

———

是甲胄的东西，往往也是软肋。对硬技能的信仰，正在被现实挑战。

比如"35 岁现象"。现在的招聘广告上，经常毫不遮掩地写着"只要 35 岁以下"的歧视性条件。那么多进入"大厂"的青年俊杰，到了 35 岁，经常是说被清退就被清退了。

这事其实比表面看上去还要令人悲伤。神经科学家告诉我们：人脑的认知能力 40 岁左右达到顶峰，70 岁之后才开始衰退。如果一个人在 35 岁被淘汰，这就意味着：硬技能只为他赢得了上场的机会，而一个人最尊贵、最有潜力的部分——大脑——自始至终没有全力参赛。他作为一个完整的人，尚未充分展开，就要被迫离场。

"35 岁现象"是对中国人口红利的挥霍吗？是对青年人的粗暴和不公吗？

是。但事情还有另外一个侧面。

你发现没有？即使在以冷漠著称的"大厂"里，也依然有很多 35 岁以上的工作者。他们凭什么可以留在职场？不是说不招聘 35 岁以上的人吗？

答案是：大量 35 岁以上的人，往往不是通过社会招聘来获取职位的。他们求职的方式说起来也不新鲜，无非就是朋友介绍、职场内推、品牌加持、猎头寻找。说白了，35 岁的人，只要有了一些人脉圈子，或者一点江湖声望，无论多少，他们都不再需要面对社会招聘这种"硬杠杠"的测试了。另有一些隐秘通道在引导他们的去向，另有一套衡量机制来审视他们的价值。

他能不能带起一个团队？他能不能给工作氛围带来正面影响？他在公司外的人际资源如何？他能不能为公司品牌增值？……你看出来了，这些维度上的考量远远超过了对一个人硬技能的考量。

说到这里，我们才触及了本书的核心命题——软技能。

▬

软技能是什么？

软技能不是"本事不够，态度来凑"，不是"用情商替代智商"，不是"用人际关系回避正面竞争"，甚至不是和硬技能并列的另一种技能。

软技能是我们人生中必将迎来的一次能力升级。如果非要给一个时间的话，它大概发生在 35 岁左右。

35 岁之前，我们可以是一个点。社会用硬技能的标准来衡量我们：牢靠不牢靠？粗壮不粗壮？

35 岁之后，我们必须从一个点扩展成一张网。社会用软技能的标准来衡量我们：有多少正向影响力？能组织多少人共赴协作？

自此之后，我和我的网，将被一起衡量。

其实，这样的要求古已有之。孔子当年就说，"君子之德，风。小人之德，草"。刚开始的时候，我们随风俯仰，即使再根深叶茂，也不过是一株草。如果终有一天，我成长为一名君子，那我就会像风一样，方向明确、浩荡而行、吹拂草木、影响他人。

有一次，我和梁宁老师聊天。她说，人的能力可以用三种尺度来衡量：技能、资源和影响。

技能，是一个"点"，越多越好；资源，是一个"盘"，越结构化越好；影响，是一种"力"，越可持续越好。

你看，人一生的成长，就是从追求自身的"技能点"，到维护空间中的"资源盘"，再到延续时间中的"影响力"。

这个过程，不就是从硬技能到软技能的升级吗？

———

软技能和硬技能有什么区别？

简单说，硬技能是一种操控世界的能力，它的处理对象是"物"；软技能是一种影响他人的能力，它的处理对象是"人"。

硬技能往往有明确的标准、清晰的边界，而软技能的世界则是一片混沌：这个办法有效？换个情境就不一定了；看起来大获全胜？其实暗中已经付出代价；面对激烈的批评？其实有人在默默赞赏；这次表现得很丢人？殊不知获取同情也是一种得分；没人提反对意见？那也未必是真同意……

人的世界就是这么复杂。祸福相依、疑难相继、山重水复、没完没了。

那软技能是不是就无法把握？也不尽然。

想改变世界的人，从来就有两类。一类是"工程师"，一类是"设计师"。前者更多地从结构、效率、功能和稳定性的角度出发构建世界，而后者更多地基于人性、体验、愿景和个性来构建世界。

把握所谓的软技能，无非就是学会像一名"设计师"那样，从不变的人性和万变的人情中把握这个世界的规律。

软技能，以人为起点，也以人为终点。

人，既是软技能的手段，也是软技能的目的。

在软技能的世界里，没有什么一用就灵的秘诀。

有这么个段子。话说，干旱地区的一位农民向神许愿，希望神能满足他的一个愿望。

神现身了，问他想要什么。他说想要一个水龙头。

神问："为什么？"农民答："这个东西好，插在墙上就能出水。"

世界经常给我们这样的假象，让我们误以为拿到一把钥匙就可以开一把锁，掌握一个方法就可以解决一个问题。

殊不知，在现实世界中，每一项有用的方案背后，都有一个无比复杂的支持系统。我们能想见，正如一个水龙头的背后还有水管、水厂和水源，一场成功的销售、谈判、演讲、对话的背后，也有大量的人外之人、事外之事、理外之理、局外之局。

一个人软技能的高下，就在于是否能看到眼前事物在空间中的无尽延展和在时间中的绵延余波。

面对一个远大的目标时，我能把它分解为一系列短期的目标吗？看到眼前的挑战时，我能想象出远方的资源和手段吗？胜利在望时，我能觉察出正在滋长的风险和代价吗？进展顺利时，我能判断止损的时机和承担的极限吗？失败不可避免时，我能预埋下未来的转机吗？专心于此时此地的行动时，我能感知到它在彼时彼处的影响吗？

视野一扩展，答案就得变化，方法就得升级。

没有什么边界可以适可而止，没有什么成就可以一劳永逸，没有什么品质可以高枕无忧。

软技能，就是这样一款"无限游戏"。

既然"法无定法"，那软技能还可以学习、训练和提升吗？

当然可以。

我们来想象一下古人是怎么学习的。

古人可没有现代社会这么多由技术、公式、方程、理论构成的硬知识。但是，从接人待物到人格养成，古人一样要培养孩子的软技能。他们是怎么做的呢？

无非是一个"拆"字。把一系列的大原则，拆成各种具体情境下的行动模型，然后口传心授、随处指点。

比如，中国古人教育小孩子的三门基本功：洒扫、应对、进退。

洒扫，就是洒水扫地。身在一个环境里面，该从哪些具体的事做起？应对，就是和人沟通的能力。什么情况下，遇到什么人，该怎么对答？进退，在不同场合下，该怎么把握进入和退出、参与和回避的分寸感？

你看，这就把软技能拆成了"行动、沟通、判断"三个小单元，再根据具体情境，来教一些有效的行动模型。比如，回家之后要先向父母问安，有人的场合不能叹气，问对方姓氏要问贵姓，等等。全是这些一时一地的小技巧、小规矩。日积月累之后，一个符合古人行为准则的"体面人"就这么被塑造出来了。

软技能，不是一套用逻辑勾连起来的理论系统，而是一组由无数情境碎片堆积起来的行动模型。

现代人的软技能训练也是同理。

比如在职场里——不能越级汇报；接到指令要反述；随时和领导同步工作进度；领导在场的时候，不要说"谈谈我的观点"，而要说"谈谈我的收获"；和异性同事谈话时要敞开门；等等。

这些事，看起来很小，但是一旦做错，关系甚大；看起来不难，但是没人言传身教，还真就是不会。

《红楼梦》里有一个著名的段落，林黛玉教香菱作诗："你若真心要学，我这里有《王摩诘全集》，你且把他的五言律读一百首，细心揣摩透熟了，然后再读一二百首老杜的七言律，次再李青莲的七言绝句读一二百首。肚子里先有了这三个人作了底子，然后再把陶渊明、应玚、谢、阮、庚、鲍等人的一看。你又是一个极聪敏伶俐的人，不用一年的工夫，不愁不是诗翁了！"

你看，学习软技能和学习作诗一样，无非就是要凑齐这么三个要素——**多样且高明的师傅、情境化且具体的范例、长期且大量的积累。**

你正翻开的这本《软技能》的价值也恰在于此。

这本书有 30 位作者：万维钢，吴军，香帅，施展，薛兆丰，何帆，老喻，宁向东，李笑来，贾行家，刘润，和菜头，蔡钰，刘嘉，李松蔚，李希贵，王立铭，熊太行，李铁夫，徐弃郁，刘晗，沈祖芸，刘擎，傅骏，东东枪，汤君健，王烁，陈海贤，戴愫，梁宁。

真是星光熠熠。这些年，我们为得到 App 延请这些老师，下了一番上天入地、搜山检海的功夫。回头一看，这张"得到系"老师的名单，既兼顾了名气、本领、才情和声望，也集齐了各个领域的代表人物，足以令我们自傲。

从去年开始，我们萌生了一个想法：能不能邀请"得到系"老师进行一次集体创作，讲讲他们在各个领域、各种情境下的软技能的行动模型。

我们不是想编一部"文集"。

我们是想制造一件"盛事"。

就同一个问题，同时叩问同一个时代的多位名家，把风格各异的答案汇为一编，这本来就是孕育名著的方式。中国的《盐铁论》和《白虎通义》就是这样诞生的。在西方也有类似的精彩实践。从 1981 年开始，著名出版人约翰·布罗克曼邀请世界上各个领域的思想家，组建了"现实俱乐部"。他每年向这些思想家提一个问题，再把他们的答案汇集起来，这就是著名的系列丛书《对话最伟大的头脑》的来历。"要抵达世界知识的边缘，就要寻找最复杂、最聪明的头脑，把他们关在同一个房间里，让他们互相讨论各自不解的问题。"

我们还请每位老师都采用"书信体"进行写作。

书信这种体裁，传达了一个强烈的信号：我们不关心世界，我们只关心你。这本书中的每一篇，不仅有真知灼见，还有一片"前辈心肠"。

想象一个场景：你遇到的某个软技能难题，得到了全世界的积极回应。其中，有 30 位师长特地给你写了信，讲了自己的诚恳建议。一天读一封，你将度过收获满满而又善意充盈的一整个月份。

在软技能的世界里，没有标准答案，所以，软技能的老师们，提供的也不是真理。正如斯坦福大学的传奇教授詹姆斯·马奇说的："老师的工作是建构一个世界，使得人们通过自己的眼睛发现自己应当做什么。"

读完这本书吧，这是你一个人的"盛事"。

读完这本书吧，这是为你建构的世界。

A READER'S GUIDE
使用说明书　　　　　　　脱不花

感谢你翻开《软技能》。

这本书与其他书最大的区别在于，它本质上是一份"说明书"，用来指导一个人干成自己想干的事，成为自己想成为的人。

为了让你更好地掌握其中的奥秘，请允许我为这份"说明书"做以下说明。

第一，这本书从哪里来？

《软技能》收录了30位作者的30篇文章，每一篇都是我和罗振宇两个人软磨硬泡、威逼利诱约稿约回来的。我们特意请所有作者写同一个题目，互不商讨、彼此独立、全新原创。像这样同题作文，是为了突显他们自带的学科差异、视角差异、思维差异、能力差异，乃至人生阅历的差异，从而把通往罗马的每一条大路都为读者标注出来。

你此刻看到的，正是由多个领域的顶尖高手从不同角度交叉验证而来的软技能修炼指南。

第二，为什么起心动念做这本书？

我在互联网上为 50 多万名职场人士讲授沟通的方法后，发现大家的困惑源自几个相似的问题："怎么让对方理解我的诉求？""怎么处理复杂的人际关系？""怎么更透彻地理解人性？"

还是学生的时候，我们接受的训练是掌握专业知识；到了社会上我们发现，真实世界最大的挑战是怎样与人和平相处。软技能，归根结底是人跟人之间打交道的能力。

前阵子，我与猎头界的朋友交流，分析那些拿到最佳机会的职场赢家有什么共通点，总结了这样一个顺口溜：要么信息差，要么"交际花"。

这当然是玩笑，但也说明了问题：信息差，指的是能够抢先他人半步发现机会，这需要极强的学习力、敏锐性和四通八达的信息网络；"交际花"，指的是善于构建各种关系，不仅能合作，还能促成他人之间的合作，这需要同理心、人际友好度和管理复杂合作的能力。

无论你的硬技能是什么，软技能本质上是硬技能的杠杆，帮你把有限的硬技能放大若干倍，从而起到撬动目标的作用。

这就是我们为什么要做这本书，为什么要帮你系统搞透软技能的原因。

第三，这本书能解决什么问题？

虽然我和罗振宇在约稿时完全没有给作者们进行分工，但当我们收到这批以软技能为主题的稿件，把它们整合在一起的时候，神奇的事情发生了：30 位作者的文章，由知到行，自动形成了四个不同板块；只要通读一遍，就有一种必须知行合一的冲动。

第一板块由万维钢老师领衔，宁向东老师压轴，为你揭示软技能的底层逻辑。如果你是偏好认知升级型内容的读者，这几位作者提供的每一个视角都会让你大呼过瘾。

第二板块由李笑来老师领衔，李松蔚老师压轴，向你呈现软技能的训练科目，展开讲透从哪些能力入手刻意练习，能够有效提升软技能，形成个人的比较优势。

第三板块由李希贵老师领衔，沈祖芸老师压轴，替我们翻开那些备受瞩目的精英人群的底牌，让我们得以从其他领域迁移一些思路，跨界打造自己的软技能。

第四板块由刘擎老师领衔，梁宁老师压轴，帮我们将软技能转化为竞争力，用软技能影响他人、改善自身的处境。

当然，这仅仅是我作为《软技能》的策划人对这些文章的理解，你完全可以按自己的方式去读这本书。我相信人人都可以基于这 30 篇精妙的文章，构建自己的软技能模型。

第四，怎么使用这本书？

第一种用法：

先快速通读全书，把每位作者强调的软技能关键点用自己的语言提炼出来，从中寻找有交集的"重合点"，把这些重合点作为你思考的切入点。

比如，在一张白纸上记录每位作者的核心观点时，你发现蔡钰老师、刘嘉老师和汤君健老师不约而同提到了"目标管理能力"，刘擎老师、陈海贤老师则都强调了"深度沟通"的重要性，那么，你就可以把这些"英雄所见略同"之处，作为打造个人软技能的第一优先级。

然后，你可以带着自己思考的切入点，重新精读每一篇文章，找出不同作者关于这个点有哪些洞察和建议。只要勤加记录、梳理，你就能建立起对软技能的系统化思考。

如果愿意的话，你还可以模仿其中某位你欣赏的作者，写一篇你自己署名的关于软技能的文章。我们已经在这本书的最后，为你的文章预留了位置（请翻阅本书第 365 页）。

让你的名字和这 30 位作者组成的超豪华阵容并列吧，加油！

第二种用法：

如果你希望提升自己的沟通质量，想体验一下高效社交，请把这本书推荐给你最信任、最欣赏的朋友，让他们也用上述方式形成关于软技能的思考，几个朋友再就各自的思考进行讨论和碰撞。很快你会发现，自己比以前拥有了更广阔的视野，也拥有了更有价值的朋友。

第三种用法：

如果你是一名管理者，请把这本书发放给你所有的下属。相信你已经为下属的软技能提升问题苦恼许久，这一次，你可以组织集体学习和讨论了。

第四种用法：

如果你是一名家长或者教育工作者，请在读完这本书之后，把它送给你身边 12 岁以上的青少年，让他们在学习硬知识的同时，也有意识地建立自己的软技能。

——

第五，怎么阅读这本书？

都说条条大路通罗马，但只有这本书把通往罗马的每一条大路都给蹚开了。所以，你完全可以闭上眼睛，从翻到的任何一篇文章开始修炼软技能。相信我，每篇文章都会有它的收获。

我们之所以邀请 30 位作者，一开始是希望让大家没有过重的阅读负担。一天只读一篇，用 30 天，也就是一个月的时间，体验完整的阅读旅程。但是，请原谅，这个初衷现在很可能不成立了——因为这本书太精彩了，你一定会忍不住一口气读完它。不信，你看看这些人和主题：

把当世英雄豪杰的新思想介绍给中国读者的专栏作家万维钢，写给不甘平凡、想要成为大人物的读者："野心、入圈、眼光是大人物都有的软技能"。

在写作、投资、算法等多个领域做到顶尖水平的高效能人士吴军，写给希望提高自己工作效率的读者："我们这一生做的事情中，大约有七成不会带来什么结果或者影响力，有两成会带来好结果，还有一成会带来坏结果。如果不去做那没有结果的七成事，以及带来坏结果的一成事，我们人生的效率就会高很多"。

手握前沿数据分析和一线田野调查的金融学者香帅，写给想了解"谁在职场更吃香"的读者:"找到自己的天赋,在场景里不断磨砺,将其转化成你独一无二的软技能,你才有机会与这个时代做最硬朗的抗衡"。

能在写作中调用历史、地理、哲学、政治等各学科领域知识的施展,写给以终身学习为目标的读者:"我们一起做时代的追问者,做知识的主人,做经典的门徒,做高手的辩友"。

经济学者薛兆丰,写给想要入门经济学的读者:"问出傻问题,真知自然来"。

关心宏观趋势,更关心每一个人的《变量》作者何帆,写给除了柴米油盐,还想看看天下大势的读者:"小趋势往往发生在年轻人那里,发生在边缘地带,发生在交叉学科,这需要我们从自己的舒适区走出来,去理解别人,去理解别的领域"。

德州扑克爱好者老喻,写给希望提高自己决策准确度的读者:"你不能在乎一城一池的得失,而是要建立一个大概率能'赢钱'的科学决策系统"。

懂企业,更懂人性的管理学家宁向东,写给想要更好地认识自己的读者:"你要时刻记得自己的基本盘在哪里,明白自己所忙碌的方向是不是有助于巩固和发展这个基本盘"。

用写说明书的方式写出多本畅销书的李笑来,写给渴望学习新知,但又不知从何入手的读者:"学习,其实就是'认真阅读说明书'而已;而所谓的学习难度,最终只不过是说明书内容的差异程度而已"。

总能在天南海北的文艺事件中发掘选题的贾行家,写给希望提升观察力的读者："如果能用演员控制整个观众席的观察力去处理和一个人的交往，你可能就会像有'读心术'一样神奇"。

既是著名商业顾问，又是百万畅销书作者的刘润，写给被"写点东西"这件事儿困扰许久的读者："从场景导入到打破认知，到核心逻辑，再到举一反三，最后回顾总结。你要用逻辑势能牢牢抓住读者的注意力"。

向网友推荐了 20 多年好书的"互联网慈父"和菜头，写给想要多读点儿好书的读者："阅读是一门古老的手艺，核心是读得慢、读得仔细，追求读完一本有一本的收获"。

《商业参考》主理人蔡钰，写给总被 deadline（最后期限）追着跑，感到力不从心的读者："确定自己的目标，并随时根据目标来决定当下的行动，这能帮你始终牵住人生的主线"。

研究人工智能和大数据的南京大学副教授刘嘉，写给想从数据里看出更多门道的读者："在人工智能领域，那些首席数据科学家最主要的任务就是构建一个当下最合适的目标函数。有了目标函数，整家公司或者整个数据部门才能开始业务优化，才能通过数据指导决策"。

深知现代人"卡"在哪里的心理咨询师李松蔚，写给总觉得自己疏于行动、无力改变结果的读者："行动不是为了有结果，它就是你用来探索自己的一个实验。在行动的过程中，每一点新的感触，都会让你对自己多一点认识"。

有 40 年管理经验的教育家李希贵，写给刚走上管理者岗位的读者："你要以手头的朋友连接更需要的朋友，以你的软技能换取对方的硬设备，以你的诚心诚意赢得良好的发展环境"。

写科普书拿到图书大奖的王立铭，写给想知道科学家如何安身立命的读者："拥有一门长期训练的技艺是个难得的礼物，要把它用在能真正解决问题的场合，而不是任由它决定我们能在什么场合解决问题"。

人际关系洞察家熊太行，写给想了解体制内生存之道的读者："吃得了苦，忍得了'穷'，关得起门，拉得下脸，读得下书"。

研究量子计算的科学家李铁夫，写给想看一看理科生的浪漫的读者："现在的困难可能会成为未来的趋势，那就去接受它、熟悉它、掌握它"。

长期从事战略史研究的学者徐弃郁，写给想知道怎样破解高风险难题的读者："站在对方的角度，在说服对方的时候，为他准备好解决问题的方案。这与其说是解决矛盾的权谋，不如说是真诚的力量"。

主张法律是一种思维方式的法学家刘晗，写给希望跨界从法律界获得启发的读者："不浪费任何一次危机，任何危机都是组织结构重新组合的重大契机。你要有意识地参与到危机所带来的重构当中"。

家校关系专家沈祖芸，写给想知道下一代需要什么软技能的读者："如果孩子一直处于'调用已知—掌握新知—构建个人知识体系'的过程里，他们就不会惧怕未来世界的不确定性"。

金句频出的哲学教授刘擎，写给想要提高表达沟通能力的读者："作为听者，你能理解表达能力较弱一方的言说；而作为言说者，你能让理解力较弱的一方明白你的意思"。

把点菜吃饭变成一门艺术的创业者傅骏，写给想让自己在社交场上更受欢迎的读者："良好社交的根本，是让朋友觉得你有价值、对他有帮助。你懂吃懂喝，能够安排一桌完美的宴席，这无疑是一项非常重要的软技能"。

在"唯快不破"的创意行业深耕多年的东东枪，写给苦于投入时间和产出质量总是不成正比的读者："首先，应该用尽量少的时间把事情做对。其次，应该尽量把有限的时间都花在把事情做好上"。

曾经的NO.1大厂管培生，现在的金牌商业教练汤君健，写给想在大厂拼一拼的读者："大厂的职业发展原则就是，你在依附于某个机构、组织、团队的同时，也要锻炼自己'不依附'的能力。这并不是鼓励你跳槽，而是要你锻炼'如果在大厂发展不顺，敢于跳槽'的能力"。

用人类学研究方法养育一双儿女的资深媒体人王烁，写给想在陌生人社交这件事情上有所突破的读者："能开口就战胜了一批人，挺得住（紧张、尴尬等）战胜了又一批，还能找到共同语言的话，你就战胜了大多数"。

号召"爱，需要学习"的心理学家陈海贤，写给想拥有高质量亲密关系的读者："你要用'关系'的视角看清事实背后传递的信息，还要选择正确有效的处理方式"。

跨文化研究专家戴愫，写给想知道怎么拿捏成年人友谊的读者："初次见面，如果你能迅速找到细节切入，就很容易锁定对方的注意力，并激发默契——社交其实可以很好玩"。

朋友圈极其强大的产品人梁宁，写给苦于思考"如何建设有意义的人际关系"的读者："好的关系，一定是让你的能量增强与流动的，而不是压缩与限制的"。

我的朋友，在大多数时候，世界确实以痛吻我，但我们不必与这个世界硬来。修炼好自己的软技能，你就可以温柔地叩开每一扇门。

目录 CONTENTS

1st
LETTER

如何成为大人物

万维钢

万维钢

前物理学家，现科学作家。

代表作：

《万万没想到》

《智识分子》

《高手》

《你有你的计划，世界另有计划》

《学习究竟是什么》

主理得到 App 课程：

《万维钢·精英日课》

《万维钢·AI 前沿》

亲爱的读者朋友：

你能拿起这本书来，想必是个不甘平凡的人。我要对你说的话很可能跟你的亲友、师长说的都不一样，甚至于听起来"不轨于正义"，这只不过是因为你平时听的都是平凡的。

我以前是个物理学家，有过天大的梦想、痴迷的热爱和微不足道的发现。如今我是个科学作家，在得到 App 写专栏，用罗胖（罗振宇）的话说叫从事知识服务。我把最新的科学进展、当世英雄豪杰的新思想介绍给中国读者，我要让中国读者进步。

但在我看来，知识服务的最高境界，是用学问启发了朱棣的智识分子姚广孝。我也希望我的读者之中出几位大人物。

所谓大人物，就是对事情的走向有影响力，能在某种程度上按照自己的想法塑造世界的人物。我希望启发你意识到进步的大趋势，找到此时此地的有利条件，发掘自身的潜能，抓住机会去做一番大事。

小人物适应世界，大人物改变世界。方今中国，"做题家"泛滥，"官僚气"盛行，许多人以服从为本分，以关系为资本，以稳妥不变为追求，以投机取巧为幸运，正是小人物当道。我与罗胖等每论及蝇营狗苟的江湖逸事，无不唏嘘。

罗胖看我虽然不是啥大人物，却胜在好为狂悖之言，就让我给你讲讲大人物都有哪些软技能。我想这也有道理，毕竟英雄的老师不需要自己也是英雄，我只要知道怎样成为大人物就行。

要想成为大人物，你通常需要难得的机遇和至少一项出类拔萃的硬技能——这得看你自己的天赋，我教不了——同时软技能也不可少。软技能是自己指导自己、遇事能做出正确选择的能力。软技能是可以学的。我远查中外豪杰之事迹，近数现代学人之研究，有一番心得。

大人物都有三种软技能：野心、入圈、眼光。

■

有一次马拉多纳访问中国，有人问他中国足球为啥不行。马拉多纳说，一般优秀球员跟我这个球王之间最重要的差别是我比他们更想赢。这似乎有点怪，难道别人就不想赢吗？

每个参加比赛的人，每个做事业的人，你要问他想不想赢，他肯定都说想赢。那不是野心。**野心，是你为了赢，放弃了什么。不是让你放弃休息时间或者放弃亲情、友情，而是你得放弃平庸。**

一般人做事不只是为了赢。除了赢，你还想照顾跟队友的关系，你还想不得罪教练，你不想在队里显得太特别，你想尊重传统和习俗，你尤其不愿意支付超过"赢"的成本，小心计算着性价比。如果这场的对手很强，感觉赢面不大，你有理由不拼尽全力。下一场的对手不是很强，你又有理由踢得中规中矩，不必尝试新打法。第三场是生死战，你更不敢冒险了。

那你什么时候突破自我呢？没有时候。如果大家都那样做，你就会有强烈的压力要跟别人一样。

平庸就如同地心引力，是一种自动的、自然的把你往下拖的力量。

心理学家亚伯拉罕·马斯洛有句话，"任何时刻我们都有两个选项：前进一步求增长，或者后退一步求安全"。既能增长又安全谁都喜欢，但增长和安全往往相互矛盾，而大多数人会选择安全。

——

社会上有一股强大的世俗力量，拖着你走向平庸。社会对小学生的期待是星辰大海，对中学生的期待就成了考上好大学，对大学生的期待是找份好工作，对参加了工作的人的期待则是买房、结婚、生孩子——然后就没有然后了：人生进入下一个循环，再从小学生开始期待。中国男人结婚以后大多是被丈母娘的价值观所驱动。

你说不对啊，咱们中国人从小到大都很拼的——是很拼，但那是在最安全、最熟悉的领域拼，俗称内卷。现代人备战各种考试，跟古代人种地有高度的相似性：项目是标准化的、大家用的方法都差不多、回报的确定性很高——你多付出一分汗水，就真能多得一分。

我们在这种小而确定的事情上对自己特别狠，因为我们觉得很值得。但这么卷是不可持续的，达到一个很小的目标就会停止。

内卷过度导致 PTSD（创伤后应激障碍）的人只会有两种冲

动，一种是躺平，一种是投机。现在连"985"大学的学生都想托个关系进国企，博士更是情愿委身于"编制"。他们要"编制"可不一定是为了治国平天下，而更可能是为了安全和稳定。他们说：阿姨，我不想努力了。

如果一个学生整天只是在准备标准化考试，他是真的追求学问吗？如果一个员工每天焦头烂额只是在例行公事，他敢说创造了价值吗？他们做事没有价值是小，没有乐趣是大：这样的人生可悲又可怜。

━━

大人物不是闷头耕地的人。大人物是在别人都闷头耕地的时候抬头看天的人。

哈佛大学教授托德·罗斯[①]、独立调查记者大卫·爱泼斯坦[②]等研究者考察了各行各业的大人物，发现他们都不是按照标准化流程从象牙塔里一路排着队走出来的。他们小时候未必被看好，在学校未必是好学生，早期从事的未必是什么高级工作。他们最后取得成功的行业往往不同于自己大学所学的专业。他们在成为明星和高管之前都有过上上下下复杂的经历。他们被视为"黑马"。

这些大人物有两个特点，而这让他们从一开始就跟你中学老师心目中的那些优等生不一样。

一个是他们总是在追求"做自己"。他们选择做什么工作最在意的不是工资有多高或者社会有多需要，而是自己喜不喜欢。他们要求从工作本身获得享受，最好一想起工作就很兴奋，就如同巴菲特说的要每天跳着舞去上班。

另一个特点是，跟"鸡娃"的家长们想的恰恰相反，大人物在成长过程中并没有什么长远目标。他们不是从小打定主意要当医生，然后就一路直通医学院，最后成了好医生——那种只能算是"优秀人才"，算不得大人物。你连这个世界是怎么回事都没搞清楚，何谈人生规划？你听了几个一百年前的科学家的故事，根本不知道现代科学家是怎么工作的，就打定主意要当科学家，这不荒唐吗？

大人物的成长方式是一边干着自己感兴趣的事，一边继续探索，看还有没有更感兴趣、更有可能做出大事的领域。但这可不是朝秦暮楚：他们不变的是自身内核的成长。他们不断丰富自己、壮大内核、扩大边界，这才成了大人物。

这才是真正的野心——我奋斗不是为了符合别人的评判，而是为了发现我是什么人、我能成为什么人。世界这么大是让你去探索、征服和改变的，不是让你早早找个地方当"房奴"的。

燕雀安知鸿鹄之志？没有一个男孩最初的梦想是在城里买一套房，没有一个女孩最初的梦想是生个考试考满分的孩子。你要真有野心，就必须对平庸有强烈的反感，一分钟都受不了才对。

别听那帮人说什么平平淡淡才是真。我们活这一世不是为了平平淡淡。我们要用自己的方式大闹一场，留下印记。

如果你还不知道你是谁，你的舞台在哪里，你今生的使命是什么，你应该非常着急才对。这比什么结婚、买房子重要多了。你没找到答案得赶紧去找。

那去哪儿找呢？

老式武侠小说常会写一种"横空出世"的英雄：这个人从来没在江湖上出现过，也不知在哪儿学的武功，年纪轻轻，一出场就是主角，一动手就轻松打败帮派大佬……这是愚蠢的幻想。在自家后院埋头苦练，或者在藏经阁整天扫地就能成为顶尖高手的时代早就过去了，那是以前行业不成熟的表现。现代人要想出人头地，必须先加入某个"圈子"。

你得向最厉害的人学习，跟最好的人交流、碰撞，特别是得有合作才行。大人物不像美女那样随机地、均匀地分布在世界各地。这里面有个网络聚集效应，各行各业的顶尖高手总是各自扎堆在有限的几个地方。你得了解世界正在什么地方发生什么，设法前往那些地方，跟那些人交往。

最常见的入圈方法是做学徒。研究生制度原本的用意就是搞科研这门手艺的学徒制，现在被那些"做题家"玩坏了，成了一种学历证明。考研也好，进入相关公司工作也好，做学徒，有人带着，是最畅通也最方便的入圈路径。

一个不太常见的办法是带艺入圈。你先在别的领域练就一技之长，而这个一技之长恰好是这个圈子所需要的，你就转行进来了。但不管是什么方法，都得找对人、做对事。

"圈子"这个词经常给人不好的印象，好像它是一个少数人专属的排外小团体——这就错了。入圈，恰恰要"君子不党"才好。英国文学家 C.S. 刘易斯有个指引③，当你加入一个圈子、跟一群人合作的时候，不要把那个圈子当成一个封闭群体，不要把自己当成一群人中的一个——要把圈子想象成一些各怀绝技、性格各异、想法不一的人的"组合"，把自己想象成那个组合中不可缺少的一部分。

小群体必然形成群体思维，要求人人都一样，可是少了谁都可以；组合则鼓励每个人都做自己，讲究取长补短、互相配合，每个人的特色都不可替代。如果你希望加入组合而不是小群体，那你最好跟与你不一样的人在一起。

小人物都是一群一群的，大人物却是一个一个的。

大人物得会解决复杂问题，为此你需要是一个"通才"，你得有通用的智慧。从参与组合的角度，你需要发展几项有个人特色的"长板"，而不是像高考生那样专门补"短板"。中等水平的技能会得再多也不能让你脱颖而出，而懂一门顶尖的功夫却可以立即让你被人看见。

通才 + 长板，意味着你既能快速进入一个新领域，又能在这个新领域中建立特长。成熟市场会把行业细分，大市场更是胜者通吃：你要在某个项目上成为明星才好。

这种组合思维还能让你理解什么是高水平竞争。小人物、"做题家"思维是跟一群做同样事情的人在标准化的寻常项目上搞内卷，是把别人淘汰下去，是零和思维。大人物的竞争则是"带着大家一起"，是双赢、多赢思维——我销售这块厉害，最好你产品那块厉害，再找个厉害的设计师，我们各显身手，整个组合一起上。我们把蛋糕做大，连带我们的客户和供应商，甚至我们的同行都能从我们的进步中受益才好。

交朋友最好的办法不是拉关系搞聚会，而是大家组队出去冒着风险、付出汗水、拿出性格来做一场。

小人物成绩越好朋友越少，大人物成就越大朋友越多。人们都愿意跟你合作，因为你上去能带动大家都上去，人们希望你上去。成为大人物是个正反馈过程。

而这就要求你从一开始入行就有"供给侧思维"。不要问"我怎么才能取代别人"，要问"我能为别人做些什么"；不要问"圈子能给我什么"，要问"我能给圈子什么"。

你能给圈子的最好的东西，是从圈外找到，圈里本来没有，你拿出来大家才意识到真好、真需要的东西。

找到这样的东西需要眼光。

—

你要做非常之人，就必须做些非常之事；要做非常之事，就得善于在工作和生活中随时发现"不平凡"。

少年人看什么都新鲜，大呼小叫各种幻想，认为世界就在脚下，眼前无限可能。一般人到了中年就会变得麻木，有一种把任何事物都平淡化的倾向。你跟他说个什么事，他要么一口咬定那和他二十年前知道的东西是一回事，要么就根本没兴趣了解。这可就完了。这是价值观已经锁死，思维方式全部定型，大脑已经不可塑，再也不会成长了。

所以乔布斯说要"stay hungry, stay foolish"，就是你得始终有少年感，保留惊奇的能力。美国作家沃尔特·艾萨克森给很多大人物写过传记，他发现，"我的所有传记主人公共有的最后一个特质，便是他们保持着一种孩童般的惊奇"④。

如果你听说量子力学的怪异实验而没有彻夜难眠，你学到微积分而没有拍案赞叹，你就不适合科学研究这一行。科学家不是一个例行公事的职业，科学家是在一大堆寻常矿物中搜寻宝石的人，他们找到一个就会激动地大喊大叫。如果低效率不让你恼火，好工具不让你艳羡，你就不可能成为了不起的工程师。如果你不能随时发现生活中种种不足之处，看到一个好机会没有百爪挠心的贪婪感，你就不会成为出色的企业家。

世间好东西虽多，却都是稍纵即逝的：你看到一个就得想办法抓住才行。如果好东西不能让你激动，先不用说什么成为大人物，你的人生都是灰色的。

选择大于努力，眼光照出格局。大人物痛恨平淡无奇。我们做事不是为了完成谁谁谁给的任务，而是要追求一种炸裂感，要过瘾，要有极致的心流。那么，怎样发现和实践不平凡呢？

首先你得提升敏感度。小人物只对升职加薪之类涉及直接利益的小事敏感，大人物对任何好东西都敏感。小人物越老敏感度越低，大人物越老敏感度越高。你需要见识很多好东西，积累文化自觉，像用大数据训练 AI 一样用大量的好东西训练自己的眼光。你需要学习大师的视角，去看外行不知道该看的地方。

更重要的是主动创造不平凡。科学作家和企业家史蒂芬·科特勒总结了两种在工作中全情投入的办法。⑤一种是做减法，拿出几个小时的大段时间，排除各种琐事的干扰，降低认知负荷，集中能量，完全自主地就干这一件事。另一种是做加法，主动给你做的事情增加难度。比如，如果你觉得这个活儿太简单没意思，那就专门找个危险的地方干。作家可以坐在悬崖边上写作，小提琴手可以到大庭广众下练琴。危险感的刺激能增加你大脑中去甲肾上腺素和多巴胺的分泌，让你对工作保持兴奋。

大人物是有光彩的人物。你要设法给事情增加一点戏剧性，把每段经历都变得不寻常。你要做个一惊一乍、给人留下深刻印象的人。你要有感染力，让别人对你感到惊奇的东西也感到惊奇。如果你明天中午要跟人相亲，你的目标应该是不管成与不成，将来此人写回忆录讲到曾经相亲的这一段历史时，必须提到你。

大人物会被不平凡的机遇强烈吸引。亚马逊网站刚刚上线没几天时，雅虎总裁杨致远突然问贝佐斯愿不愿意把亚马逊网站列在雅虎主页上。手下人都说，我们公司刚起步，根本接不住那么大的流量，放弃吧——但是贝佐斯知道这样的机遇有多难得。他没准备好，但是他接下了，先接下再研究怎么办。⑥**如果你的行为模式接不下眼前这个大机遇，你要做的是改变你的行为模式，而不是放弃机遇。**

为什么宁不知倾城与倾国？因为佳人难再得。抓住不平凡的终极办法，是走量。伟大艺术家和普通艺术家最关键的区别是，伟大艺术家的产量远远高于普通艺术家⑦，你得创作过很多很多作品才能创作出伟大的作品。普通科学家的智力巅峰是三十岁，过了四十岁就不行了；伟大科学家却能在漫长职业生涯中的任何时候都做出重大发现。[8]

如果你至今还没找到属于你的不平凡，你唯一要做的是继续找。大人物是锲而不舍的人物。

■

了解一些道理和践行这些道理是两回事，尤其是这种号称要做大人物的道理。自我改变的最有效办法是先建立身份认同：先把自己当作一个大人物。当你面对"前进一步求增长，或者后退一步求安全"这种选择时，问问自己，作为一个大人物，我应该怎么选。

从大人物的身份认同开始，慢慢壮大野心，在点点滴滴的事务中证明自己对圈子的价值，培养发现不平凡的眼光，乃至创造出属于自己的不平凡，你终究会相信，你就是大人物。

当然，小成就靠自己，大成就靠社会。你需要有很好的运气才能让社会也承认你是个大人物。但是你会发现，那其实已经不重要了。

小人物的最高境界是"求稳妥""求庇护"，是从思想上完全放弃自我，成为工具人。大人物的最低境界，则是成为一个"士"。士是有自由之思想和独立之人格、自己给自己做主的人。

哪怕我们终究未能成为什么青史留名的大人物，到时候我们也可以说一句：我不是任何组织的附庸，我不是任何人的工具，我从未受人摆布，我工作从来都不是为了还房贷，我勇敢过、冒险过、追求过，我是一个"士"。

伟大的国家需要大人物，需要很多、很多的大人物。如果不是你，又能是谁呢？如果不是现在，又要等到何时呢？

万维钢

注释

① 〔美〕托德·罗斯、〔美〕奥吉·奥加斯：《成为黑马：在个性化时代获得成功的最佳方案》，陈友勋译，中信出版集团 2020 年版；Todd Rose, *The End of Average: How We Succeed in a World that Values Sameness*, HarperOne, 2016。

② 〔加〕大卫·爱泼斯坦：《成长的边界：超专业时代为什么通才能成功》，范雪竹译，北京联合出版公司 2021 年版。

③ C.S.Lewis, *The Weight of Glory and Other Addresses*, HarperOne, 2001.

④ 〔美〕杰夫·贝佐斯、〔美〕沃尔特·艾萨克森：《长期主义》，靳婷婷译，中国友谊出版公司 2022 年版。

⑤ 〔美〕史蒂芬·科特勒：《跨越不可能：如何完成高且有难度的目标》，李心怡译，中信出版集团 2021 年版。

⑥ 〔英〕蒂姆·哈福德：《混乱：如何成为失控时代的掌控者》，侯奕茜译，中信出版集团 2018 年版。

⑦ 〔美〕亚当·格兰特：《离经叛道：不按常理出牌的人如何改变世界》，王璐译，浙江大学出版社 2016 年版。另可参考迪恩·西蒙顿关于创意工作的生产力研究。

⑧ 〔匈牙利〕艾伯特－拉斯洛·巴拉巴西：《巴拉巴西成功定律》，贾韬等译，天津科学技术出版社 2019 年版。

2nd
LETTER

高效能人士做对了什么

吴军

吴军

约翰·霍普金斯大学计算机科学博士、计算机科学家、硅谷投资人、著名自然语言处理和搜索专家。

代表作:

《浪潮之巅》

《数学之美》

《文明之光》

《吴军阅读与写作讲义》

《吴军数学通识讲义》

主理得到 App 课程:

《吴军·硅谷来信》

《吴军来信·世界文明史》

《吴军·科技史纲 60 讲》

《吴军·阅读与写作 50 讲》

《吴军·数学通识 50 讲》

《吴军·信息论 40 讲》

《前沿课·吴军讲 GPT》

《前沿课·吴军讲 5G》

各位读者朋友：

见字如面。

在讲软技能之前，我想先给你讲一个故事。

有个叫约翰的年轻人，大学毕业后参加了三次求职面试，结果都失败了。第一家单位的面试官问他："你知道如何教会一只青蛙说话吗？"他答不知道。第二家单位的面试官问他："你知道如何让一条鱼爬上树吗？"他还是答不知道。第三家单位的面试官问他："你知道如何让全世界每一个人的钱都增加一倍吗？"他依然答不知道。于是三家单位都没有要他，说他能力不行。

晚上回到家后，约翰做了一个梦，他在梦里向上帝请求道："仁慈的、全能的上帝啊，你能让我拥有三种能力吗？"上帝说："看在我们有缘的份儿上，我且听听你的请求。"于是约翰说道："我想能让青蛙开口说话，能让鱼儿上树，能让全世界每一个人的财富都翻番。"上帝说："这些容易做到，你现在就有了。"

第二天醒来，约翰先教会了青蛙说人话，可是青蛙只会说，"这里的飞虫够我美食一顿"或者"池塘里的清水让我凉爽"。约翰刚开始还觉得挺新鲜的，但就这两句话翻过来覆过去地说，很快他就烦了。于是，约翰又去找小鱼，帮它上了树，可是到了树上，小鱼不仅喘不过气来，还被飞来的老鹰叼走了。这时，约翰决定为全人类做一件大好事，让每个人的财富都增加一倍。把这件事做成以后，看到每个人脸上喜悦的表情，他内心非常满足。但是到了第二天，他发现人们的笑容消失了——虽然所有人的财富都增加了一倍，但世界上的东西并没有增加，大家不得不花两倍的价钱买同样的东西。

约翰并不笨，在三次无功而返之后，他似乎明白了自己失败的原因：**即便具备了把事情做成的能力，他依旧缺乏判断哪些事情该做，哪些事情不该做的能力。**

我想通过这个故事告诉你的是，在这个世界上，很多事情根本就不需要做，还有些事情甚至是不能做的。

比如，很多人精心挑选股票，希望自己的投资结果比大盘表现还好。这件事就和让所有人口袋里的钱增加一倍差不多——做了半天，其实是在做无用功。因为从本质上讲，人们最终从股票市场得到的收益，都来自相应经济体的增长；扣除这个因素，在股市的投资就是一场零和游戏，所有人的平均收益一定会和股票大盘的涨幅持平。如果我们让一半的投资者完全投资大盘指数，另一半按照自己的意愿精心挑选股票，那么哪一半人的投资回报率更高呢？答案是一样高。当然，有些人去年表现好一点，有些人今年表现好一点，基本上是随机的；从长程看，再平均下来，大家的表现其实差不多。

有些人觉得自己能看到别人看不到的机会，找到被低估的资产。其实在资本市场上，如果没有一大群人形成共识，再被低估的资产也不会涨价；而一旦一大群人形成了共识，市场的有效性又会让那个资产的回报率和其他资产趋同。也就是说，不管怎样，你能得到的都是一个平均值。因此，与其天天把心思花在如何与股市大盘作对上，或者花在和市场的有效性作对上，还不如什么都不做。把这种事情想清楚，不完全是一种意愿，更是一种能力。很多人炒股炒了一辈子，也没有具备这样的能力。

说到能力，人们通常喜欢做加法，认为能做的事情越多越好。事实上，就算上帝把所有做事情的能力都赋予一个人，这个人能不能做成有意义的事，能不能把自己的生活过好，也是未知数。就像这封信开头的故事里提到的，就算你能让一只青蛙讲人话，它也无法和你进行有意义的对话，因为决定青蛙说什么的是它的大脑，它不会因为会讲人话而拥有人的思维。

今天在任何一家大企业里，大部分人做的事其实都和让青蛙讲人话差不多。这也是为什么很多人工作十年后回过头去看，会发现自己一事无成。

很多人改进产品功能，改进办事流程，改进用户体验，所做的无非是从 A 改到 B，从 B 改到 C，再从 C 改到 A。很多人认为改变就是好，自己提出的改变建议被上级认可了，得到实施了，感到很有成就感，但时间长了再回头看，会发现无非是在做循环，或者来回摇摆。

我读大学的时候，正赶上学校实行教育改革。原先一堂大课是 100 分钟（两个 50 分钟，中间休息 5 分钟），大课之间留 10

分钟让人换教室。这样一上午或者一下午可以安排两堂大课。后来，可能有的老师觉得如果把每堂课的时长缩短，每周多上几次课，学生就不至于把上一次课程的内容忘了，于是改成了每堂课 60 分钟，中间有 10 分钟的时间用来换教室。但这样一来，上午最后一堂课开始和结束的时间就很晚，学生和老师饥肠辘辘，都想提前结束走人，这堂课的效果也就特别差。于是学校又做了修改，有些课还是 60 分钟，有些课调整成了 90 分钟，保证大家中午 12 点之前能吃上饭。但其中的问题你恐怕也看出来了，90 分钟的课和 60 分钟的课混在一起，实在是有点乱。于是在我上大学的最后一年，学校又把课时改成了原来的 100 分钟。

这么来回改虽然是无用功，但也不至于造成什么损失；而对大部分人来讲，无用功做多了，要么会造成直接的经济损失，要么就是把自己有限的生命浪费了，这也是一种损失——当一个人把心思都放在让青蛙说话上时，他就没有心思去想本该做的事情了。

▬

让青蛙说话的故事不是我编的，而是我和一位身在日本、做过投资的朋友闲聊时，他提到的。当时我们分析了国内一位知名的创业者为什么会创业失败，那位朋友就指出了他的问题：在市面上的产品都足够好的情况下，他还想发挥工匠精神，做一款更好的出来。这其实就是"让青蛙说话"，看起来很酷，但根本就是伪需求。

一个人做事努力固然重要，但上帝也是要看效果的，而不光看努力与否。因此，**最重要的能力不是做具体事情的技能，那些技能都可以慢慢学习；最重要的能力是在还没有开始行动的时候，就可以判断清楚哪些事情没必要做**。有人觉得这是一种经验，这么理解当然没有错；而我认为它更像一种能力——有些人虽然经验并不丰富，但能做出准确的判断；有些人在一个岗位上干了大半辈子，却还在忙忙碌碌地做一些无用的事情。

至于判断清楚哪些事情不能做，更是每一个人都需要具备的能力。我们常用"熊孩子"来形容一些总是闯祸的孩子。这些孩子很坏吗？未必。他们只是不知道自己的行为会造成多么糟糕的结果。这些孩子长大后就不会再闯祸了吗？也未必。如果他们一直没有掌握判断哪些事情不能做的能力，长大后还是会闯祸。

前面说了"经验"和"能力"的区别，还有很多人会把"意愿"和"能力"混为一谈。他们会觉得，如果我把这件事情的结果想清楚了，就不会去做；如果我小心一点，考虑问题周全一点，结果就是可以预期的。

这些想法只是意愿，好的意愿每个人都有，但却不是每个人都能得到好结果。熊孩子们通常并不想闯祸，但是他们的心智发育还不够成熟，不具备进行这种判断的能力。生活中没有人喜欢做无用功，但是他们没有能力实现这一点，或者说没有能力在一开始就知道哪些事情没必要做。当然，更没有人一开始就想要一个和自己想法完全相反的结果。

上述能力没有学校，也没有课本会教，因为它们不属于做事情的具体能力范畴，而属于一种软技能，甚至可以说是软得不能

~~再~~软的技能了。

这种预先做出准确判断的能力，说起来大家都懂，但培养起来并不容易。简单来讲，它需要在生活这个课堂上，让生活这个老师来培养。不同的人可能会通过不同的方式来获得这种软技能。这里我谈谈我的几个心得。

——

首先，把自己变成一个有效的反馈系统。

判断一件事该不该做的能力，通常是根据我们之前做事的结果总结得到的。当我们做的一件事产生了预期的结果后，要分析清楚它做成的原因，有些时候只是我们运气好，那么下次这种事情做起来还是要非常谨慎；如果它没有达到预期，我们要特别花心思搞清楚问题到底出在哪里。换句话说，**要获得准确的反馈，并把自己变成一个有效的反馈系统，根据反馈调整自己的行为**。这样时间一长，我们对事情结果的预判就会准确得多。

其次，培养自己的同理心。

做了一件好事，却没有产生应有的效果；帮助了别人，对方却认为是我们欠他的；辛辛苦苦发明一样东西，却发现这个世界并不需要它……之所以会出现这样的情况，其中一个重要的原因是我们缺乏同理心，只是站在自己的角度思考问题。

人在少年儿童阶段是很难具备同理心的，需要在随后的时间里刻意培养，否则长大之后很有可能会缺乏理解他人的能力。很多年轻人不知道如何爱别人，他们尽力讨好别人，却无法产生任何效果，这可能是因为他们不知道该如何站在对方的角度思考问题。

我们应该充分认识到的一点是，在这个世界上，很多人和我们不一样。我们认为好的想法，对他们来讲未必有意义——当我们觉得所有人都需要某个发明创造时，他们其实并不需要；当我们觉得手头在做的一件事跟别人没什么关系时，却可能在无形中给他人的生活造成了麻烦。这些人会用行动告诉我们，缺乏同理心是有问题的。

再次，保持自己的敬畏心。

人在幼小、能力弱的时候，对事物是常怀敬畏的，但等到能力强了，本事渐长了，就会觉得自己无所不能，为了让自己变得更有能耐，还会去学习很多新技能。

世界上的知识和技能近乎无限，而我们的时间和精力是有限的，以有限对无限，结果就是很多事情只能做到一知半解，很多技能也只练到二把刀的水平。

对于这个世界和社会，我们应该时刻保持敬畏之心。本事越大，就越要如此。俗话说，打死会拳的，淹死会水的，就是说人在没了敬畏心之后，会失去判断力，去做不该做的事情。

对于自己力所不能及的事情，就不要去做了；即使要做，也要在做之前先把技能练好。对于自己力所能及的事情，做起来也要留三分余地。

最后，剥离情感。

我们都知道关心则乱这个说法，外科医生是不给自己的家人做手术的，很多事情一旦让自己的情感卷进去就做不好了。

当然，情感不是想剥离就能剥离的。很多事情发生在别人身上时，自己看得很清楚，而且还会告诫自己，遇到这类事一定不要感情用事。但真轮到自己的头上，我们做得可能还不如他们。

剥离情感需要从小事练起。外科医生在从医之初，大都会与病人共情；从医之后，他们通常会培养出剥离情感的能力。没有培养出这种能力的人，很有可能会因为承受不了几次失败的打击而改行。

剥离情感不等于没有同理心。它们看似对立，其实是一件事的两个不同侧面。同理心要求我们在做判断时摈弃以自我为中心的想法；剥离情感也是如此，它要求我们不要被情感牵着鼻子走，保持客观、公正的判断力。

——

我们这一生做的事情中，大约有七成不会带来什么结果或者影响力，有两成会带来好结果，还有一成会带来坏结果。如果不去做那没有结果的七成事，以及带来坏结果的一成事，我们人生的效率就会高很多。所以我才会在这里为你介绍判断哪些事情不能做，哪些事情不需要做的软技能——它比任何做具体事情的能力都重要。

3rd
LETTER

你必须独特稀有，才能对抗规模化

香帅

香帅

本名唐涯，著名金融学者，香帅数字经济实验室创始人。曾任北京大学光华管理学院金融系副教授、博士生导师，研究方向主要为资产定价、宏观金融和网络新经济。

代表作：

《香帅金融学讲义》

《钱从哪里来》

《金钱永不眠》

主理得到 App 课程：

《香帅的北大金融学课》

《香帅中国财富报告》

我亲爱的朋友：

不知道你是不是跟我有一样的感觉，这几年，我们正处于时代的激流之中。

先给你一组数据。2023 年 4 月，16～24 岁青年人的失业率为 20.4%，创下历史新高。对全社会来说，这可能是个冰冷的抽象数字；但对个人来说，这就是房租水电，庸常但真实。好几个在高校任教的学生告诉我，班上学生几乎都在考研＋考公，卷到天昏地暗。

不过，"求职者找工作超难"这个故事其实还有 B 面，就是"企业招合适的人超难"——这就和我要跟你聊的软技能有关了。讲一个发生在我身边的故事。

我姐姐是一家投资孵化公司的 CEO，今年想招个财务人员，收了几百份简历，大多数人学的是对口的会计学专业。结果面试了一圈，一个都没能留下。我问她为什么，她告诉我，绝大多数求职者其实都挺符合"财会"这个岗位的传统描述，能写会算，也熟悉合规；但"财会"做的这些标准化、流程化的活儿，现在几个会计软件加个小出纳就可以干掉了。

她们公司做的是投资孵化，大小项目几十个，有跟投也有领投，有上市的也有早期的，有做医药的也有做芯片的，还有连锁的孵化空间。公司规模虽不大，但业务触及的行业和专业跨度大，接口更是多——随着投资项目越来越多，烦琐程度也呈几何级数上升。所以她发现，财务的人光懂账远远不够，拥有协调能力、组织能力和学习能力才是关键。

我姐不是特例，我身边几乎所有做企业的朋友都有类似的感受，合适的人太难找了；尤其是中小型企业的老板，只要碰到"合适的人"，都愿意不惜代价把他留下。

什么叫"合适的人"呢？

我问了一圈后发现，在对"合适"的理解上，这些企业主是有共性的：第一，双方的价值观和生存状态要契合；第二，企业普遍看重"工作软技能"而不是"专业硬知识"的匹配。

前者好理解，一个期望朝九晚五、过平稳日子的人不会太合适创业公司；一个野心勃勃、能量无穷的人，卷在大国企、大机构里也未见得会感到舒适。而这种合适与否会非常影响一个人的工作状态——凹造型是不可持续的，时间长了造型一定会走形。

后者主要是因为，随着人工智能、数字化和线上工具的发展，很多专业知识技能都在被标准化、模块化、程序化——就像当年的傻瓜相机和现在的智能手机一样，技术进步正在不断降低"专业人士"的门槛。

还有，世界上的各大经济体，包括中国在内，都进入了以服务业为主的经济发展阶段。相较于线状结构的制造业，服务业是多线程、多接口、多维度的网状结构，解决系统性复杂问题的能力几乎是项目管理的标配。

凹造型是不可持续的，时间长了造型一定会走形。

因此，企业对"人才"的定义也随之发生了改变。原先，能完成某项具体工作任务的就是人才；现在，人才除了要搞定手头具体的工作任务，还要解决系统性的复杂问题。而所谓解决系统性复杂问题的能力，其实就是我在这封信里想和你探讨的软技能。

在社会学的语境里，软技能是用来形容"情商"（EQ）的，与硬技能的"智商"（IQ）相对应。沟通能力、表达能力、目标和时间管理能力、社交能力、学习能力等，都可以算作软技能。

这些词听上去多少有点"软"，一股鸡汤味。但现实世界中，随着整个社会数字化程度的加深和服务业的分工细化，软技能已经走进劳动经济学研究的学术殿堂，开始被量化分析和理论化。

麻省理工学院的几位教授对美国 450 个常见职业的工作内容做了详细的语义分析，之后他们抽象出了两种未来最难被人工智能取代的工作技能——创意和社交智慧，都属于软技能。**前者对应的工作能力包括分析数据和信息、创造性地思考，还有为他人解释信息，也就是沟通和表达能力；后者包括建立和维护个人关系、谈判与争端解决、指导和激励下属、指导和帮助他人发展。**

你可能已经发现了，不同岗位匹配的软技能是很不一样的。比如在金融领域，量化金融分析师要具备在创造性思考之上的结构性的表达能力，而券商分析师更强调分析、理解、表达和相应的沟通。

这个研究发现让我们团队感到非常震撼，因为我们团队的成员大多是高校年轻教授，对专业和技能的脱节特别有体感。在过去两年间，我们用爬虫工具搜集了头部招聘网站上的所有数据，整理出了中国社会的 500 个常见职位，然后参考麻省理工学院教授们的几种研究方法，编制了"中国职业技能发展数据库"。

结合数据，你会清晰地看到，软技能的实际价值远比我们想象的高。

以理财师为例，这个岗位招聘时呈现的薪酬差距特别大。我们对不同薪酬的理财师岗位做了语义分析，之后发现月薪 1 万元、3 万元和 5 万元的理财师在专业知识上的要求差别不大；薪酬跃迁，实际上对应着不同层面的软技能——

月薪 1 万元的理财师，在人际关系上只有"定期与客户联系""为客户介绍新的产品及金融服务""建立与客户的良好信任关系"这类基本和笼统的要求。

月薪 3 万元的理财师，在人际关系上的要求明显提高了，有"熟悉红酒品鉴、高尔夫、豪车试驾、珠宝鉴赏""能参与组织高端客户活动，提高客户转化率"。

月薪 5 万元的理财师，在职位描述上就会强调"创新业务模式"和"组织管理营销团队"。

简言之，一名理财师若想让自己的薪酬水平从 1 万元到 3 万元再到 5 万元跃升，就要从"熟练工"到"社交达人"再到"创造型的领导者"，每一步都对应着软技能的提升。

其他很多岗位也是入门靠硬知识，跃迁看软技能。比如律师、审计师，月薪 1 万元左右的职位描述里只列举了一些流程性的工作，月薪 3 万~5 万元的职位则都会非常强调人际协调和沟通能力。

———

我还想告诉你一个我们在数据里发现的非常有趣的现象——软技能创造流动性。

和老一辈的职场人相比，新一代职场人酷爱跳槽。再加上从 2021 年开始，教培行业、建筑行业等遭遇了灭顶之灾，这两年跳槽、转行是职场常态。

猎聘在 2022 年发布过一个《中高端人才就业趋势大数据报告》。数据显示，2022 年第一季度，55.87% 的职场人有跳槽计划，其中 65.34% 的人选择跨行业跳槽。

怎么保证跨行业跳槽的成功率呢？答案是软技能匹配度。

比如说房地产经纪，他们成功率最高的三个转岗方向分别是社区团购运营人员、直播营销师和互联网营销师。再仔细看这些岗位的工作内容描述，你会发现，它们特别强调社交智慧这种软技能，尤其是"建立和维护个人关系""谈判与争端解决"这两项能力。房地产经纪和这三个岗位的软技能相关度高达 0.96，也就是与这些岗位要求的软技能重合度高达 96%，转行成功率不高才怪。

教培行业的老师也是这两年转行的大户。除了从英语老师转成翻译之外，职业规划师、合规内控专业人员和社区服务人员是教培老师转行成功率最高的三个岗位。同样，我们仔细阅读这些岗位的工作内容描述后发现，它们对创意和社交智慧都有较高的要求，尤其是创意中的"为他人解释信息"这一条，是这几个岗位最看重的软技能。老师和职业规划师、合规内控专业人员以及社区服务人员这三个岗位的技能相关度分别是 0.931、0.922 和 0.916。

看到这个结果的时候，我先是一愣，然后就笑了起来——果不其然，包括罗胖在内的所有"得到系"老师，虽然专业领域各不相同，但确实都具备创造性地为他人解释信息的能力。怎么去诠释和表达一个信息，本身就是一种创造力。想到这里，我也忍不住脑补了一下，我是不是可以在社区和社会服务这些领域找找未来职业的第二春？

未来的职场生态，会逐渐向"硬知识决定下限，软技能决定上限"的生态演变。

我有时会想，我们人类其实和鱼一样，记忆也只有 7 秒，容易因为短期波动过于剧烈而忽视了长期趋势的力量。如果将时光机器倒带，快进过 2022 年到 2020 年的特殊时期，你会发现：数字和网络早已改变了劳动力市场的总量、结构和组织形态。劳动技能、劳动关系也都在不知不觉中发生了嬗变。

2022 年夏天，我跟十多个之前的学生聚餐，毕业三五年、七八年的，各有各的前景，也各有各的焦虑。他们最大的困惑都落在了上升通道会不会越来越窄上。酒过三巡，薄有醉意，他们问我："老师，你觉得要怎么抵抗时间、人事和各种不确定的侵蚀？"

我脑子里突然浮现出著名经济学家哈尔·范里安那张和比尔·盖茨颇有几分相似的脸。

生于 1947 年的范里安曾经在麻省理工、斯坦福、加州伯克利等顶尖院校任教，55 岁那一年，他开始在谷歌担任首席经济学家，一干就是 20 年。谷歌广告拍卖、企业战略和公共政策方面的顶层设计中都有他的影子。很少有人比他更懂得数字化是怎么一点点改造我们的生存状态的。

关于这个时代，范里安说，"Seek to be a scarce complement to increasingly abundant inputs"，你必须独特稀有，才能对抗规模化。

我想，这也是我的答案吧。

找到自己的天赋，在场景里不断磨砺，将其转化成你独一无二的软技能——这样你才有机会与时间、时代做最坚强的抗衡。

4th
LETTER

第四封信

做主人、门徒和辩友

施展

施展

北京大学史学博士，上海外国语大学教授。

代表作：

《枢纽：3000 年的中国》

《溢出：中国制造未来史》

《破茧：隔离、信任与未来》

主理得到 App 课程：

《施展·中国史纲 50 讲》

《施展·国际政治学 40 讲》

《施展中国制造报告 20 讲》

亲爱的终身学习者：

见字如面。

我是施展。罗胖邀请我给你写封信，和你聊聊我在跨学科研究方面的软技能。我刚接到这个邀请时有些惶恐，因为我也还在持续地学习，总感觉自己还有很多知识盲区。但转念一想，我立志要成为一名终身学习者，跟更多的终身学习者聊一聊我这么多年的学习经验，也是个找到更多同道的好办法。

所以，我就不揣浅陋，尝试把我的经验总结为如下四条，与你交流。**第一，做时代的追问者；第二，做知识的主人；第三，做经典的门徒；第四，做高手的辩友。**

这里的后三条，初听上去你可能会觉得有些奇怪——一个想要终身学习的人，怎么可以如此狂妄，想做知识的主人？刚狂完，怎么又低头要当门徒了？当门徒也不老老实实地当，怎么又想着到处找人去比试？实际上，不管是"做知识的主人""做经典的门徒"，还是"做高手的辩友"，它们都服从于第一条，也就是"做时代的追问者"。下面我来仔细解释一下。

意大利哲学家克罗齐有个很著名的断言你大概听说过："一切历史都是当代史。"我不知道你最初听到这句话的时候是什么感觉，反正我是有点蒙圈的。历史不都是过去的事情吗？为什么说它们是当代史呢？虽然搞不懂，但这句话听上去很拽，所以我也时不时会引用一下以假装深沉。到后来，我的思考越来越多，逐渐摸到了这句话的门道，才真正感受到它的深刻性。

过去的事情太多了，任何人讲述历史，都不可能面面俱到地把发生过的事情全讲一遍。在这无尽的过往海洋中，一个好的历史学家，选择讲什么，怎么讲，依据的是什么标准呢？很简单，他依据的是当下的时代问题。

每个时代都会有重要的时代问题，人们需要为它寻找答案。但这有个前提，就是人们首先要为这个时代寻找一个参照系；没有参照系，就不知道答案该朝什么方向寻找。而时代最重要的参照系，便来自历史。**所以，好的学者在写作的时候，笔下写的是过去，心中切念的却是当下；他们是在对当下时代的叩问中，来观照、思考、写作历史。**如此的历史叙述，当然就是一种"当代史"。

比如，文艺复兴时期的那些大师，虽然笔下写的是古希腊、古罗马，心中想的却是当时的意大利该如何复兴。再比如，民国时期的很多大师，看似在谈古史，实际探讨的却是当下的中国应如何再铸精神内核。

人类历史始终会有"变"与"不变"两个维度。人类所面临的现实处境可能一直在流变，但人性是永恒不变的；永恒的人性面对流变的现实，会有不同的表现形态。相应地，所谓的时代问题，也就有表层和底层两个维度。

在表层，要看到这个时代的特殊性问题，究竟是什么让这个时代显得如此不一样，把它与其他时代区分开来，这是我们发现时代问题的具体切入点。而在底层，要看到永恒的人性，看它是如何在一种具体的处境下，构造出特殊的时代问题的，这是我们从根基上寻找答案的入口。

若想有实在的知识与思考，不停追问当下最重要的时代问题，是你应该迈出的第一步。

有了对第一条经验的阐释，第二条经验"做知识的主人"，就相对容易理解了。回看人类的知识发生史，你会发现：不仅历史学在回应时代问题，任何一个伟大理论都在做相似的工作。没有哪个伟大的理论是人们拍脑袋想出来的，它之所以会出现，通常是因为当时的人遭遇了重大的时代问题。

伟大的问题，总是可以逼问出伟大的答案。人类的知识树与历史上人类所面临的问题相互缠绕，如同 DNA（脱氧核糖核酸）的双螺旋，是共同生长起来的。

你会发现，伟大的知识在其诞生之际，都是用来解决问题的工具；之所以有各种不同的理论与学说，是因为切入问题也有很多不同的角度。这就像我们需要用不同的工具来生产一台汽车，对工厂来说，生产汽车才是目的，工具本身不是目的；工厂会从生产的需求出发，来选择和调试工具，而不会从手头的工具出发，来决定汽车应该是什么样子的。

因此，面对知识的正确态度，就是要做它的主人，它是为解

伟大的问题，
总是可以逼问
出伟大的答案。

决我们所叩问出来的时代问题而服务的。为了解决问题，需要什么工具，就把什么工具调用出来；发现有什么必备的工具不会用，那就去学会使用它。但仍然要记住，做它的主人，而不要被它反客为主。

真正的知识并不是用来炫耀的智力游戏，也不是用来谋生的僵死教条，而是与时代充分互动的、充满活力的思想。它要对时代问题有深切而敏锐的关注，能犀利而精准地对其进行解剖，但这一切若要得到充分发挥，都仰赖于使用工具的主人。

—

做知识的主人，这并不是一种傲慢，而是我们面对工具时一种恰当的态度。但在这么做之前，你要先俯下身来，成为经典的门徒。这是我的第三条经验。

前面我带你从一阶高度看，知识仅仅是工具；但到二阶高度，你会发现，知识又从根本上定义着"人"。我们所说的经典，就在二阶高度上。

这话听起来有些费解，举个例子就容易明白了：大海到底是天堑还是通途，实际上与大海的物理属性没有关系，只取决于我们如何看待大海。如果把它视作天堑，我们的工具性知识就会专注在大海以外，只是琢磨陆地上的问题，大海也就真的会成为天堑；而如果将其视作通途，我们的工具性知识就会专注在大海上，最后它也真的会成为通途。

我们到底会如何看待大海呢？这就与工具性知识无关了，而是取决于我们的基本宇宙观。

最初，人类的宇宙观是由宗教给出的，但在轴心文明诞生之后，基于反思的知识体系开始出现——哲学便起源于对终极问题的反思——进而构筑起了新的宇宙观。

反思意味着我们不再不假思索地接受给定的答案，而是要先问个为什么。任何学科都会有哲学式的反思，所以我们会看到诸如政治哲学、经济哲学、社会哲学等说法，它们都是要向此前给定的答案问个为什么。这样一种提问，不仅仅是在追求新的答案，更是在提供一种新的方法论，这些知识会重新定义人与世界的关系，也就是重新定义"人"。

你会看到一些书被冠名为《政治哲学》《经济哲学》《社会哲学》等，但真正原生性的政治哲学、经济哲学、社会哲学并不在这些书中，而是藏在这些学科的奠基性著作里。比如，原生性的政治哲学藏在柏拉图的《理想国》、亚里士多德的《政治学》等书中；原生性的经济哲学藏在亚当·斯密的《国富论》、李斯特的《政治经济学的国民体系》等书中；原生性的社会哲学藏在涂尔干的《宗教生活的基本形式》、韦伯的《经济与社会》等书中……这也是它们被称作"经典"的原因之一。

这些经典并不好读，因为它们是要反思那些我们在过往不假思索便接受的答案，这让我们刚刚开始读的时候，往往搞不懂它们是在说什么——**太多不假思索的既有答案限制了我们的视野，导致我们很难想象这些答案以外的可能性，以至于我们在初期会觉得这些经典是在胡说八道。**

所以，我在读经典时，给自己设定了一个基本的读书态度，就是要假设书中说的每句话都是对的；如果读来觉得哪里像是胡说八道，那一定是我的问题，而不是经典的问题。当然，这里有个前提，就是这些书真的是经历了百年甚至千年的历史汰选，仍然被人们公认为经典——因为只有这种经典，才值得你这样去读。后面和菜头老师给你讲如何阅读一本书的时候也会提到这点（请翻阅本书"阅读从哪里开始"）。

所谓"是我的问题"，意思是，过去我很可能陷入了对世界某种不自觉的预设当中，我被这个预设限制住了，以致世界在我眼中只能呈现出特定的形态，其他形态都变得不可理解。我的破解办法有些类似于传统相声《扒马褂》，里面有个借了马褂的傻小子，千方百计地替出借马褂的东家圆各种谎，说不通的愣是能给说通。我就是要替那些经典的作者圆谎，把他们初看上去根本说不通的东西愣是给说通。

实际上，我哪有什么资格给那些顶级大师圆谎？我的所有努力，只不过是一种思想上的自我拯救而已。每圆上一个谎，我就发现了自己的某一种狭隘。大师带着我进行反思，帮我豁然发现世界的更多可能性。

这是个很艰苦的过程。我曾经花了整整一年的时间来啃康德的《纯粹理性批判》，经常一下午坐在那里一动不动却只能读半页，一句话得反反复复琢磨上大半个小时。不过，以这种方式下过几年苦功夫后，在思维能力上就会有脱胎换骨的感觉。

我再说一遍，只有做好经典的门徒，才有资格当知识的主人，否则就会堕入狂妄无知的傲慢。而"做经典的门徒"这件事情，是没有终结之日的；终身学习，也就意味着"终身门徒"。这是个不断深入反思的过程，也是个不断自我拯救的过程。

若是想真正做好经典的门徒，我还要提出第四条经验，就是要成为高手的辩友。

现代的学术体系是高度专业化的，任何一个学科内部都分化出了极其专门的细分领域。很多专家穷其一生，就是沿着某个细分领域不断深入下去。

这样当然会钻研到非常深的境地，就像是顺着一口井挖下去，挖得越深，对这块地的理解也就越深，别人很难与你相比。但由此也会付出代价——抬头再看，井口离自己也就越来越远，天也就显得越来越小；时间长了，你甚至会忘记更广大的天的样子，眼前只剩下越来越小的这一片。

如果仅仅是看到的天变小了，这还不算太糟糕。更糟糕的可能性是，因为某场突如其来的地震，地壳扭曲，这口井下面的矿脉移走了；再继续往下挖的话，完全是在做无用功。你可以想象一下：在哥白尼之后的那个世纪，正是日心说获得完善并最终胜出的时代。如果有一个生活在那个世纪的人，他在地心说的特定问题上挖得特别深，完全没有意识到正在发生的理论变迁，那么他投入的大量精力，最后都会沦为无用功。

当你在苦读经典的时候，如何避免眼中的天变得越来越小呢？如何避免在错误的矿脉上勤奋地做无用功呢？

我认为仅仅靠你自己一个人是避免不了的，甚至你的狭隘还会不断强化。你需要找到一群跟你一样追问时代的问题、想做知识的主人、愿做经典的门徒的人，而且他们的看家功夫是在其他学科，你要与这样一群人持续地讨论、争辩。

为什么？这些人满足前三个条件，意味着他们算得上高手，你们会是旗鼓相当的辩友；满足最后一个条件（看家功夫在其他学科），意味着你们处在不同的井里，争辩过程会帮彼此打开盲区，帮彼此看到不一样的深井，更看到不一样的天。

见识的深井足够多了，通过不同井口见识的天也足够多了，最后你会逐渐把它们连缀成一幅完整的图景，更丰富、更有层次的认知便会逐渐浮现出来。

你可能知道我有一群志同道合的高手朋友，我们组成了大观学术小组，你熟悉的刘擎老师、李筠老师、张笑宇老师都是小组的成员，此外还有十几个兄弟。我们已经以前面所说的方式共同研究、共同争辩了十几年的时间。

我非常有幸能有这样一群高手朋友做辩友，相互砥砺，每个人都有巨大的收获。我也非常高兴罗胖给了我这个机会，让我可以把这几条经验分享给你。期待你也能找到一群志同道合的高手朋友，一起去追问时代的问题，做知识的主人，做经典的门徒。

5th
LETTER

薛兆丰

经济学者，曾任北京大学国家发展研究院教授，长期关注法律、管制与经济增长之间的关系。

代表作：

《薛兆丰经济学讲义》
《商业无边界》
《经济学通识》

主理得到 App 课程：

《薛兆丰的经济学课》

各位读者朋友：

你好，我是薛兆丰，一名经济学者。写信给你，是想与你分享我在学习经济学的过程中运用的一项软技能。让我先谈谈软技能为什么很重要。

我们可以从一次成功中总结出很多关于成功的经验，但是，就算这些经验被再多人分享和模仿，也未必能够再复制一次成功。原因之一，是成功显而易见，成功的要素却往往深藏不露。把那些深藏不露的成功要素找出来，或许能够增加成功的机会。

成功的要素之所以藏在暗处，一种可能性是它们没有被人意识到。比如，网络购物与实体店购物，最大的区别在于是否可以亲测。照理说，标准品，也就是不用亲测也能确保质量的商品，如可口可乐，容易在网店销售；而像服装这样的非标准品，由于颜色、宽松度、体感和搭配都无法亲测，网店销售应该很困难才对。

然而，服装早就是网店热销的大品类。其成功的要素究竟是什么，我至今也没有找到完全满意的答案。幸运的是，企业家和商人不会等学者先分析出原因，再去冒险和尝试——他们已经试出来了，已经知其然了。至于知其所以然这件事，可以留给别人慢慢做。

成功的要素之所以藏在暗处，还有一种可能性是成功者运用了别人不容易联想的软技能。

撒切尔夫人开始从政时，说话嗓音高，语速快，给人轻浮急躁的感觉。后来她接受了顾问的意见，专门请专家辅导，逐渐培养出了音调深沉、语速稳健的说话风格，受到了当时英国广大民众的喜爱。政治家受欢迎一般是因为政策主张，但说话方式的影响那么大，不容易联想。刻意练习发音，是撒切尔夫人的软技能。

再来看指挥家卡拉扬。音乐是用耳朵听的，但卡拉扬的成功，跟他通过精心制作音乐视频，让听众"看音乐"是分不开的。卡拉扬拥有自己管理的乐队、录音师、摄影师和剪辑师，他通过大量特写镜头重现了古典音乐每个声部的细节，同时确保视频中他自己的镜头时长保持压倒性的占比。通过渲染视觉来提升听觉，是卡拉扬的软技能。

有时候，成功者喜欢淡化自己的软技能，这也会使成功的要素变得更加神秘。以善于捕捉"决定性瞬间"而闻名的摄影家布列松，其实不仅受过绘画训练，还是超现实主义的追随者。布列松在摄影作品中悄悄实践他的美学理念，却让世人相信他仅仅是一名善于抓拍的摄影师。这或许是"决定性瞬间"的标签，听起来比"超现实主义"更亲民、更酷炫的缘故。想想就能知道，仅靠抓拍是成不了第二个布列松的。但美术修养和美学主张——布列松的这些软技能——都被他淡化甚至藏匿了。

成功不可复制，原因之一就在于总是存在软技能的影响，不能光靠硬指标。

不过，探索软技能的培养虽然很有趣，也很有启发性，但无论怎么观察和总结，别人的软技能都是别人的，未必适用于自己。如果某种软技能被社会普遍地强调和追逐，那它就不再是软技能，而是硬指标了。

其实，成功不可复制，原因之一就在于总是存在软技能的影响，不能光靠硬指标。既然是软技能，那就不要一窝蜂地去追求，而应该独自揣摩，量身定制，冷暖自知。

要我说自己的一项软技能，那就是在求学的过程中，多问傻问题。**问傻问题，就是从根子上问起，不怕别人笑话，问到自己完全懂为止**。

问，还不一定是开口问，也可以是暗自问。因为太傻的问题，眼前的老师未必有能力回答。你可以把问题留在心里，然后默默地留意哪个人有能力回答。如果遇到，他就是"明师"，即明白的老师。明白的老师不一定有名，有名的老师不一定明白。名师就在那里，难找的是"明师"。

与问傻问题对照的，是敷衍式的虚假学习。机灵的孩子和乖孩子，都比较容易出现虚假学习的情况。凭着小聪明，或者出于对老师的顺从，哪怕是囫囵吞枣、不求甚解、搬字过纸，考试也能考及格，甚至拿高分。

我并不完全反对虚假学习，原因有两个。一是虚假学习比较省时间，能挣分数。以我的观察，有些人读完博士，成为学者，依然是在虚假学习。学问只是他们求职和晋升的敲门砖和垫脚石——他们能准确复述书本上的内容，但他们并不相信自己复述的知识。用弗里德曼的话说，就是"只背熟了乐谱，但没听过音乐"。不过，既然是实用和功利的，我们也不能完全反对别人采用这种办法。

二是知识本身的扎实程度是参差不齐的。一套知识体系，越扎实就越不怕有人追问傻问题。相反，如果是不够自洽和扎实的知识体系，就经不起有人追问傻问题。对于这种知识，敷衍一下即可，并不是所有知识都值得深究。

当然，虚假学习有一个缺点，那就是它会让人失去真正理解世界运行规律的机会，同时也给人日后的深造设置了天花板。通过虚假学习获取学问，一个人最多只能达到人云亦云的程度。

所以，**对于那些有价值且扎实的知识体系，我会选择用笨办法，通过反复问傻问题来学**。让我重复一遍：问傻问题，就是从根子上问起，不怕别人笑话，问到自己完全懂为止。

在学习经济学的过程中，我看到过很多傻问题，自己也问过很多傻问题。比如，经济是否可以用计算机来规划？为什么坦白可以从宽？经济增长有没有极限？为什么要拯救地球？一点本事都没有的人怎么活？价格有没有不道德的时候？竞争和合作哪个更好？合作和勾结的区别在哪里？房价高一点好还是低一点好？……

顺着这些傻问题，我嗅到了经济学最扎实的原理，识别出了一连串"明师"，体验到了窥视市场运行规律的莫大愉悦，后来还唤起了更多学生对经济学的好奇心。

乔布斯说："Stay hungry, stay foolish."他当时是在鼓励人们不要满足，敢于尝试，所以可以译为"保持欲望，保持勇敢"。而我说的要多问傻问题，英文也能用"stay foolish"来表示，但我的意思是不同的——不是保持勇敢，而是保持天真，坚持"不知为不知"。

回头看，得到App上《薛兆丰的经济学课》的最大特点，不在于它深入浅出，不在于它实例丰富，也不在于它简朴直白，而在于它在回答傻问题。**正是经济学这种对付傻问题的威力，让我一次次感受到经济学思维方式的魅力；也正是这些傻问题，让同学们觉得经济学的思维方式是可亲近的。**

如果说教经济学是我的专业，那么问傻问题就是我的一项软技能。我也想把这项软技能推荐给你，让它成为你另辟蹊径的一位向导。

6th
LETTER

为什么每个人都要懂点大趋势

何帆

何帆

经济学者，上海交通大学安泰经济与管理学院教授。曾任中国社会科学院世界经济与政治研究所副所长，北大汇丰商学院经济学教授。

代表作：

《变量》

《大局观》

《若有所失》

《猜测和偏见》

主理得到 App 课程：

《何帆中国经济报告》

《何帆的读书俱乐部》

《何帆大局观》

《何帆·宏观经济学 30 讲》

亲爱的读者：

你好啊，我是何帆。这封信想跟你聊一聊一项听起来很玄的软技能，那就是如何判断大趋势。

你原来可能不关心大趋势：我一个平头百姓，关心柴米油盐还不行，管什么天下大事，累不累啊？可是，最近几年，你肯定注意到了：你不理它，它就来理你。国际上发生的事情有俄乌战争、中美贸易摩擦，国内发生的事情有教培行业整顿、房地产企业债务违约，好像都来得特别突然，让人摸不着头脑。

这个世界会不会突然变得更糟？最糟会是什么情况？会不会影响到我？想回答这些问题，就得学会判断大趋势。

看清大趋势，说难很难，说容易也很容易。

你肯定没想到俄罗斯会攻打乌克兰，但很多人预测过这件事。比较有名的就是米尔斯海默，他是芝加哥大学的政治学教授。还有不少研究国际政治的专家也说过这件事，他们知道这件事情爆发的概率很大，只是猜不出具体是哪一天，也猜不出一旦打起来谁会赢。

再说国内的教培行业吧。一场暴风骤雨过后，万亿规模的中国教培行业几乎一夜崩塌。政策变化怎么会这么突然呢？教培行业巨变的起因是"双减"政策，可是，"双减"政策早就已经出台了。如果你经常看新闻就肯定知道，教育部一直在说这件事。说白了，这就像一场开卷考试，只是大家都没有带书，于是都考了不及格。

你会发现，大趋势不是一夜之间从天而降的，不像小行星撞击地球，说来就来，跟谁都不商量。**越是大趋势，越有一个酝酿的过程。这对你来说是个好消息——大趋势都会事先给你发信号，你总有一段充裕的时间去准备。**

而问题是，我们常常会忽视这些信号。犹太作家埃利·威塞尔写过一本书——《黑夜》，是部自传体作品，写了他们镇上的犹太人被抓进纳粹集中营的故事。书里面有个情节很让人唏嘘：镇上一个流浪汉曾经被抓走过，见过集中营里的大烟囱冒烟，知道那是烧死人的。不知怎么的，他居然逃了回来，跟镇上的人讲自己看到的真相，可是没有人相信他。

别人告诉你信号，十有八九你不信。说到底，还是要自己说服自己，你得自己有一套方法论。

具体怎么做呢？我先告诉你一个重要的概念：慢变量。

如果你到海边，看见海上有波浪，那我问你，为什么海上会出现波浪？如果你是快变量的信奉者，你可能会说，我看了天气预报，说今天有大风，无风不起浪。

这个解释当然有道理，而且它背后的快变量很重要——如果你不看天气预报，贸然和女朋友出海，台风来了，可能就回不来了。

但你别忘了，海上之所以会起浪，是因为有太阳和月亮。如果你不了解因日月引力而生的潮汐现象，就无法预测什么时候会涨潮，什么时候会落潮。如果你是艾森豪威尔，就没有办法判断应该在哪一天发动诺曼底登陆。同样，你也没法想到潮汐发电的点子。

太阳和月亮，就是我说的慢变量。它们看起来没有变化，看起来跟你没有什么关系，但它们就是海上出现波浪的最根本的原因。所以，慢变量很可能是人们已经熟悉的事物，但人们总是会低估他们所熟悉的事物的力量。

举个例子，人口就是典型的慢变量。这个变量的规律是，随着生活水平的提高，生育率会下降。背后的原因有很多，比如，妇女的经济地位和社会地位提高，就会选择少生几个，但精心培养。看中国的数据，新出生人口数量从 2016 年之后一路下跌。到 2021 年，全年出生人口 1062 万，创历史新低。

我拿人口来举例子，是因为这个变量太容易预测了。如果你知道 2022 年出生了多少孩子，就能知道 2025 年会有多少孩子上幼儿园，2040 年会有多少青年上大学，甚至能算出 2080 年之后有多少人陆续退休。我拿人口来举例子，也是因为它跟我们每个人息息相关。可是，这么简单、清晰、重要的慢变量，我们却很容易忽视。

来看两组数字吧。2022 年，中国应届高校毕业生总人数是 1000 多万，而同年的新生儿和高校毕业生几乎数量相当，也在 1000 万上下。这意味着什么？第一，未来没有那么多学生了，人们总是会低估他们所熟悉的事物的力量。

以后大学要缩减规模，中学、小学和幼儿园可能也要缩减。请问，当你考虑要不要读博，读完博士要不要留校，或者读完大学要不要当中学老师的时候，你想过人口这个慢变量对未来的影响吗？第二，还有一种可能的情况，就是学校的规模不会缩减，这样一来，孩子上大学就要比以前来得容易了。未来也许不是学校挑孩子，而是孩子挑学校。请问，如果你家孩子还小，你有没有想过还需不需要跟风去"鸡娃"呢？

顺着这样的思路，你会看到很多慢变量，它们提供的答案都很清晰、简单。

再举个例子，地缘政治，一个典型的慢变量。你一定听说过，好多外资从中国撤到越南了。那以后会出现什么情况？

地缘政治告诉你，对越南来说，美国离它很远，中国离它很近。中国和越南在同一个区域生产网络里，而中国是这个生产网络的增长极。你再顺着这个思路去想，那中国广西的发展空间就很大啊，它离越南那么近。说不好，未来将是三十年广东，三十年广西。

还有，工业化也是一个慢变量。2022 年，新能源汽车卖得特别火爆。但在 2003 年比亚迪决定研发新能源汽车时，消息一出，股价大跌。大家说，你一个生产手机电池的，在这里起什么哄啊。2022 年，欧洲的天然气、石油价格暴涨，网上流传，欧洲人要来抢中国的电热毯了。其实，受益更大的是中国的光伏产业——欧盟想降低对俄罗斯能源的依赖度，在建筑物上装太阳能板。而装太阳能板这件事，就得来找中国了。但别忘了，当年中国的光伏产业也曾是重复建设、产能过剩、低价出口、没人看得上的。

看慢变量，得有耐心。

———

你可能注意到了，我特别强调在这些慢变量中出现的新变化，从中可以引出我要跟你讲的第二个概念：小趋势。你可以把它理解为在大趋势到来之前，那些先向你发来的信号。**怎么判断未来大势？一句话概括，就是要沿着慢变量去寻找小趋势。**

在没有慢变量的情况下去找小趋势，你会找不到北的，因为小趋势太多了；而要是没有小趋势，光看慢变量，看久了你就烦了——什么变化都没有，你让我看它干吗？

那什么是小趋势呢？我举个例子。2018 年，我调研了北方的一个海滨社区，阿那亚。阿那亚的地理位置其实不算好，原来是卖不出去的楼盘，没办法，才想办法去做社区运营，组织业主们搞各种各样的活动，开画展、办音乐会、放风筝、海边跑步……放在 2018 年，你会觉得阿那亚就是个特例——别的小区哪有这么多闲人，天天搞这个活动那个活动的？人们都在忙着赚钱，买房就是图房价上涨。

但到现在，这个小趋势就可以看得非常清楚了。阿那亚的实质是人民群众对美好生活的向往。我们已经走过了温饱阶段，也已经进入了小康社会，自然会有"把自己的生活过得更美好"的心愿。那问题来了，什么是美好生活？不知道啊。老师没教，家长没教，我们不会啊。想过美好生活，不是口袋里有钱就行。美好生活是一种技能，你要去学习，还要去实践；美好生活需要对美的感受，而审美可是童子功，从小见过美好的东西，长大了才知道什么是美好生活。沿着这条线索，你就能发现：这些年发展最快的几个行业，都跟美好生活有关。

比如说，鲜花。过去开花店，一般会开在医院门口，因为买鲜花是为了去探望病人。或者赶上情人节、母亲节这样的日子大卖一把，平常就没生意了。现在呢？越来越多的人为了愉悦自己而买鲜花。这个市场一下子被打开了。

再比如说，装修。以前家居设计师都是依附于房地产公司的。一张户型图画出来，房地产公司可能一盖就是几万套，甚至几十万套。你家跟别人家一模一样——过去买房的人不在乎这个，不是说了吗，买房是图房价上涨。现在呢？房住不炒，人们的观念也发生了转变：买房是为了有个家，这样就会花心思把自己家弄得更舒服、更优雅。于是，就有一批独立的家装设计师出来了，他们直接为住户服务，接的单子越来越多。

好，现在你知道了，预测未来趋势的方法论是在慢变量中寻找小趋势。可是，到底要怎么做呢？

想要对慢变量有更深刻的理解，你要去好好学习历史。马克·吐温说过，**历史不会重复自己，但总是押着同样的韵脚**。一个国家的历史很重要，这个国家过去发生过什么，以后遇到同样的情况，还会再来一遍。一个企业的历史也很重要，这个企业有没有经历过危机和衰退，会对它的经营理念有很大的影响。一个家庭的历史也很重要，上一代没有解决的问题，到了下一代还会重演。

以我的观察，一个国家，一个企业，一个家庭，在做决策的时候，大多数情况下都不是依靠什么理论，而是凭对历史的记忆。我把这种记忆称为"集体记忆"。

2008 年，美国爆发金融危机，时任美联储主席伯南克想到的肯定是 1933 年的大萧条。遇到 2019 年的新冠肺炎疫情，我们马上想到的就是 2003 年的 SARS，所以中国的新冠肺炎防疫政策跟 2003 年特别像。人们都在讨论未来的新技术革命会是什么样的，先去看看工业革命那段历史，我相信你会有很深的感受。

想要更敏锐地把握小趋势，你要锻炼自己的观察能力。推荐一本书，艺术史专家艾美·赫曼的《洞察》。她在纽约一家美术馆工作，却教会了很多警察、特工、军官和士兵如何洞察。注意到人们的鞋袜，可能就阻止了一场恐怖袭击；学会看莫奈的《睡莲》，能让企业节约数百万美元。这就是洞察的魅力。你会用一个小时的时间去看一幅画吗？你会用一个下午的时间去观察街上的行人吗？赫曼告诉我们，行动前，要先学会花时间去观察。

除此之外，你还要走出自己的小圈子，去看看别人的小圈子里都发生了什么。互联网并没有让我们变得全知全能，相反，它把我们禁锢在各自的信息茧房里。在一个人的微信朋友圈刷屏的那篇文章，在另一个人的朋友圈也许根本就没有出现过。所以，千万不要认为你在网上看到的信息就是真实的世界。事实上，**小趋势往往发生在年轻人那里，发生在边缘地带，发生在交叉学科，这需要我们从自己的舒适区走出来，去理解别人，去理解别的领域。**

比如，你可以先从几件小事做起——过年回家，就是一个社会调研的机会；在机场等飞机，也能观察周围的行人；跟孩子们聊聊，能从他们那里学到很多；和老人们聊聊，会发现每个老人都是人生智慧的宝藏。

亲爱的读者，希望你听了这番话，首先能去掉对判断大趋势的敬畏，不要以为那是专家和学者才能干的事；你也能，而且很可能你能比他们做得更好。更重要的是，通过研究慢变量、观察小趋势，你不但能提升自己的判断力，更好地预判未来，还能在这个自我修炼的过程中，体会到很多新的乐趣。

7th
LETTER

老喻

本名喻颖正，未来春藤教育科技公司创始人，微信公众号"孤独大脑"主理人。

代表作：
《人生算法》
《成长算法》

主理得到 App 课程：
《老喻的人生算法课》

我聪明而又可爱的朋友：

愿你近来都好。

满腹才华的你，值得拥有幸福安宁的生活，只要你配上冷静的大脑。

是的，你不必拥有更多才华，也无须变得更聪明，"冷静的大脑"才是人生赢家们的秘密武器。在我看来，这是一个理性的现代人最重要的软技能方向。

在这封信接下来的内容里，我将和你一起来实现如下目标：用软技能提升做对人生决策的概率。

让我们从一个有趣的故事开始。

一个陌生人来到一个小镇，想与当地人交朋友。他走到小镇的广场上，看见一个老头。老头身边有条狗。

他问道："你的狗咬人吗？"

老头说："不。"

于是陌生人弯腰拍了拍这条狗，狗扑上去，咬了他一口。

陌生人问老头："你不是说你的狗不咬人吗？"

老头说："这不是我的狗。"

这个故事原本用于提醒管理者：问对问题很重要。但在我看来，它还有更深层的启发：要小心你那些默认因果前提。

这个陌生人假设老人身边的狗就是他的狗，但这是一个错误的假设前提。

让我们复盘一下这个极其简单的"因果"过程：

因为你的狗不咬人，你身边的狗是你的狗，所以你身边的狗不咬人。

然而，你自以为的"因"——"你身边的狗是你的狗"，只是一个想当然的假设而已。

哲学家休谟有一个奇怪的主张：因果关系并不存在。他说："我们无从得知因果之间的关系，只能得知某些事物总是会联结在一起，而这些事物在过去的经验里又是从不曾分开过的。我们并不能看透联结这些事物背后的理性为何，我们只能观察到这些事物的本身，并且发现这些事物总是透过一种经常的联结而被我们在想象中归类。"

以一个问题为例：明天太阳一定会升起吗？

人类的推理方法是：因为在我们的生活中太阳每天都会升起，所以明天太阳一定会照常升起。你可能已经发现了，这个推理包含了一个错误的假设条件：明天和我们生活的每一天都一样。

休谟不相信这种归纳推理的有效性。他认为用这种方法得出的因果关系，其中缺失了某些链条。他的理由是：心灵就算用最精密的考察，也不能从假定的原因中找出结果来；因为原因和结果是两个完全不同的东西，所以我们绝不能从原因中找出结果。

这种怀疑论看似只是哲学家的"杠精游戏"，然而休谟的思想不仅影响了像康德这样的思考者，还影响了爱因斯坦这样的科学家，以及索罗斯这样的世俗大玩家。

理解休谟不容易，但我们非要搞明白不可。

我们从小接受的都是关于"因果论"的教育。在学生时代，"因为……所以……"被拆成一个个清晰的步骤，证据确凿，逻辑清晰，容不得半点差池。可到了现实世界，我们却发现：哪里有什么因果？不管你多么才华横溢，现实都不会给你一道"因果分明"的难题来做。

你以为自己是在"拔剑四顾心茫然"，其实是缺乏应对这个不确定世界的软技能。

休谟斩断了人类对因果的幻觉，带我们进入因果关系的更深处。他曾提过一个很有建设性的观念："聪明人会把自己的信念诉诸证据。"而我更愿意将这句话修改为"聪明人会把自己的信念诉诸证据和概率"。

我认为概率将与休谟的哲学携手，把人类带入与不确定性共舞的黄金时代。

人们对因果关系的迷信，来自对确定性的渴望，以及对随机性的恐惧。为了得到一点点确定性的幻觉，人们愿意付出任何代价，而这么做又会将自己置于更大的、更危险的不确定中。

我们要能够接受
模糊的精确，并
意识到这远远好
过精确的模糊。

即便在那些看起来很厉害的道理，甚至很严格的科学理论中，也不一定存在 100% 的因果。人们能够得到的只是一个概率数值。

所以，在现实世界，在工作、生活、投资中，我们要去除这样一种句式："如果……那么肯定……"这个句式应该以加上概率的方式表达出来："如果……那么有 80% 的可能……"在此基础上，再去分析这个概率的条件，并不断通过实践去更新概率。

我们要能够接受模糊的精确，并意识到这远远好过精确的模糊。

没错，这个世界因果难辨，但人类还是可以在迷雾中跌跌撞撞地前行。这正是软技能的价值所在。

我聪明而又可爱的朋友，你一定会懂得为何我要花如此多的笔墨在"无用"的内容上。

《道德经》开篇第一句写道："道可道，非常道。名可名，非常名。"

这句话是说，真实之"道"和真实之"名"是无法言说的。我们不知道万物始源，不知道造物主的规则与算法，但我们还是可以用一种模糊而柔软的方式去接近天地之道。

这是我所理解的软技能——

其"软"，是道家的无名之道和柔弱之德。对比世俗的坚强和硬，此处的"软"并不软。

其"技能"，是来自（看似无用的）真实之"道"的工具和方法，只有它们才能让我们更从容地应对和体验这个妙不可言的世界。

在这封信的开始，我对你说，满腹的才华只有配上冷静的大脑才有价值。这个道理老子早有洞见，他说："知人者智，自知者明。"《老子读本》一书如是解读：由现象驱动行为的世间之"知"被称为"智"，超越于此的睿智圣人则被称为"明"。前者是满腹的才华，是硬技能；后者是冷静的大脑，是软技能。

我聪明而又可爱的朋友，以下是一套提升做对人生决策的概率的软技能，请你收下。

——

要点一，量化。

英国物理学家开尔文说："当你能够量化你谈论的事物，并且能用数字描述它时，你对它就确实形成了深入了解。但如果你不能用数字描述，那么你的头脑根本就没有跃升到科学思考的状态。"

就像气象台预报明天有雨，会说"有 80% 的概率下雨"一样，你也要养成类似的思考和沟通方式。

假如有人约你周末吃饭，在你还不确定的时候，别说"也许""可能""或许""大概"这类词，最好说"我有 60% 的把握"；如果想有点戏剧化的效果，还可以说"我有 58.62% 的把握"。

你可能会觉得，像这样给出一个估值很傻。但在我心目中，这可以被用来区别不同类型的人——懂得量化和概率思维的人极少，能够照此行事的更少。

你试几次就知道了：先标注一个数值，有利于你去校对准心，逐步构建自己的"量化人生"。即使在毛估的过程中，你也会有所收获。

—

要点二，灰度认识。

在分析一件事物时，你要克服二元对立、非黑即白的心态。你并不是要马上拿出一个候选项，而是要尽可能全面地列出各种候选项，甚至站在对手的角度思考。

扑克高手安妮·杜克的建议是：首先，改变任何事情都追求100%确定的心态。试想一下，这件事情我真的有100%的把握吗？如果有70%的把握，那么剩下30%的可能是什么？这就像在扑克牌桌上，高手计算下一张牌的可能性一样。

其次，要保持更加开放的心态。从不同渠道获取更多元的信息，而不是向不同的人问询，然后不断强化自己已经确定的观点。杜克说，尝试着找那些你从来没觉得需要向他们请教的人聊一聊，你也许会有意外的收获。

—

要点三，期望值计算。

对德州扑克有深入研究的人工智能专家余小鲁说，德州扑克对玩家的一个大的考验，就是要长期保持一种风险中性的态度。

摆在你面前的是两种打法：

第一，你有20%的机会赢得5000个筹码；

第二，你有 100% 的机会赢得 800 个筹码。

大脑中固有的风险偏好，让你很难选择第一种打法。

但在绝大多数金融市场和德州扑克的牌桌上，要当长期的成功玩家，必须学会自然地选择第一种打法。因为根据期望值计算，第一种的回报大于第二种。

当然，这和筹码总值也有关。假如根据期望值计算，你使用的方法是正确的，结果却输了，这就是所谓的"系统风险"。

作为投资人，怎么在投资中面对这种风险？你应该坦然面对——系统风险是无法避免的，因为盈亏同源。你要反思的，不是根据期望值计算做出的这个选择，而是你的计算系统是否精确，是否需要校验。

要点四，黑白决策。

AI 下围棋的秘诀是，计算各种可能的招法在终局赢棋的概率，然后选择概率最大的那一手。看起来似乎很简单，其实并不容易。

1968 年，霍华德·马克斯（《投资最重要的事》这本书的作者）刚到花旗银行上班时，他们的口号是"胆小难成大事"。

我们知道，采取明智而审慎的投资方式，争取胜多负少很重要。但坚持这样的投资方法，绝非制胜之举。它可能会帮你避免损失，但也可能导致你无法获得收益。

对此，许多人心目中最伟大的冰球运动员韦恩·格雷茨基说的一句话可能会为你带来一些启发："如果你不出手，就会 100%

地错过进球的机会。"

前面提到的扑克高手安妮·杜克曾担任业余选手比赛的评论员。有一次，她告诉现场观众：当前的局面，A 选手赢的概率是 76%，B 赢的概率是 24%。结果 B 赢了比赛，观众就说"你的预测错了"。

杜克的回答是：不是预测错了，我已经说过 B 选手赢的概率是 24%，也就是概率为 24% 的事件发生了。

做决策的时候要理性、坚定；执行完之后，还要迅速归零，将执行和结果分开。

在我看来，不管现实多么灰暗、自己手上的牌多么差，都敢于做决定，并且坚定地选最好的那一手，是一种非常了不起的天赋。这就像全盛时期的德国国家男子足球队，即使落后了三个球，还是可以阵脚不乱，堂堂正正地踢出每一脚球。

只要你还没开始自暴自弃，仍然在思考、决策，即使被打趴下，也不算失败。

要点五，形成系统。

道理我都懂，概率我也会算，为什么我还是做不到？

这正是人性艰难的地方。

我们每个人都被设计成"自动驾驶"的智能生物，为此付出的代价是，很难克服人性的弱点。

比如，对一名牌手来说，游戏目标不应该是赢取单局彩金，而应该是基于数学（概率论）和心理学，做出正确的决定。如此一来，在期望回报值为正的情形下，可以将每一局的平均利益最大化。长久下来，他赢钱的总额会比输的钱多。

漫长人生和扑克生涯一样，是由很多个连续决策构成的。你不能在乎一城一池的得失，而要建立一个大概率能"赢钱"的科学决策系统。

普通人关注结果，高手关注系统。对于这个决策系统，你一方面要坚定地执行，另一方面还要不断反思、优化，进行贝叶斯更新。

这两点都是反人性的。

根据安妮·杜克的说法，顶尖扑克牌高手和普通牌手之间的一个重要区别是：顶尖高手能够始终保持稳定的决策能力，不会因为周围环境的变化、自己的输赢而影响决策。通过长期训练，他们养成了深思熟虑解决问题的习惯。至于普通牌手，他们的心情很容易随着周围的环境发生变化，从而导致决策水平不稳定。极端的情况下，他们甚至会依靠条件反射来做决定。

好的系统几乎都有如下特性：强健、高适应性、韧性。反过来，如果一个人热衷于精确的预测，喜欢搭建自圆其说的结构，那么他的决策系统可能非常浅薄，极其脆弱。

—

没有简单的模型通向伟大。

这是图灵奖得主理查德·哈明说的。他认为：在许多领域，通往卓越的道路不是精确计算时间的结果，而是模糊与含糊不清的。

也许"软技能"的关键不是技能，而是柔软。

我聪明而又可爱的朋友，在这封信的最后，我想告诉你的还是那句话：满腹的才华只有配上冷静的大脑才有价值。当然，"理性是激情的奴隶"，你不必为冷静而熄灭火焰。

愿你安好，让这世界有机会见证你的满腹才华。

8th
LETTER

第八封信

如何对付自己的心魔

宁向东

宁向东

清华大学经济管理学院教授、博士生导师。

代表作：
《公司治理理论》

主理得到 App 课程：
《宁向东的管理学课》

亲爱的读者朋友：

　　罗振宇老师给我出了个命题作文，让我来讲一讲人际交往和工作中的软技能。

　　坦率地说，这让我很是为难，因为我自己真没有什么可资分享的软技能。权衡再三，想了如下几条，一来是给罗老师交差；二来也是为了和大家说说话。

　　第一条，学会看到他人。

　　这个道理，最早我是在运动场上体会到的。上大学那会儿，我踢球比较独，不太愿意传球。记得二十一岁那年，上场时踌躇满志，结果不到十分钟，就被人家铲了一脚。此后三个月，那只脚疼得不能碰球。再后来，年龄大了，有点跑不动了，拿球后的第一反应就是看看队友的位置，想着怎样尽快把球传出去。一方面，这是为了防止在自己脚下丢球，另一方面当然是为了防止不必要的伤害。

　　让我始料不及的是，这么做以后，别人说我"长球"了。好奇怪，拿球的时间少了，不像先前那么爽了，别人反而说我水平提高了。这有点黑色幽默。

　　后来，我想明白了其中的道理：人在做事的时候，自己的戏份多了，他人的戏份就会少；相反，自己的戏份少了，他人的戏份会多。而他人的戏份多，可能对整个团队更有好处。这种转化关系，自己不一定看得到。所谓"当局者迷"。

自己的感受和他人的感受不是一回事。**当你自我感觉变差时，说不定你在别人眼里的重要性不仅没有下降，反而提高了。**这是辩证逻辑。所以，眼里一定要有别人，在自己爽的时候，多想想别人爽不爽。

我是在被动的情境中懂得这个道理的。只是因为对受伤心有余悸，对独自带球力有不逮，所以，眼里才有了别人，这看上去像是无奈之举。而放眼看去，人生的很多进步都是在无奈中取得的。就像一位著名作家所说：能够教育一个人的，不是道理，而是南墙。

第二条，学会随遇而安。

因为天资平平，我并没有把在运动场上体会到的东西及时应用到工作上和生活中，于是吃了不少亏，有时还会很郁闷。郁闷的时候，我会翻翻书，有一段时间对宋词和元曲很感兴趣。

中国人讲，"达则兼济天下，穷则独善其身"。独善其身，本质上就是安顿自己的内心。人这一辈子，最大的敌人就是自己。古人是先修身、齐家，然后才是治国、平天下。我们现在正相反：仅仅凭借着会刷题，就可以上大学，然后在外面折腾，等到把事情做到一定份儿上，才发现自己的内心还不够强大，于是再回过头去补内心的那一课。这虽然多少有点荒唐，却是由现代社会的游戏规则所决定的，只能顺应。

我的建议是，聪明人一定要学会双线作战。**除了和外界各种势力竞争之外，要意识到还有一个更大的、势力与日俱增的敌人，那就是生长在自己内心深处的魔。**

对付外面的敌人，可以找朋友帮忙，可以团队作战，可以依靠组织。但对付自己的心魔，没有人可以帮忙，只能靠自己。

心力、心魔和事业，这三者之间的关系非常微妙。事业越大，心魔有可能越大，但心力却不能无限放大。所以，要学会随遇而安。

随遇而安有两个表征：一是把节奏慢下来，二是把脾气减下来。这里的脾气，不仅仅是对他人的脾气，还有对自己的脾气。

现在有一种流行的说法叫"躺平"。虽然我不太喜欢这个表述，但觉得把节奏慢下来还是有必要的。过去的四十年，我们整个国家，乃至我们每一个人，都处于一种奔跑的状态，现在应该适当地调整一下了——我们不能总是用百米冲刺的速度去跑马拉松。人类文明史上，还没有过类似的成功先例。

随遇而安的另一个表征是不要有太大的脾气。以前有一位名人讲过一句话，我非常喜欢，叫"要有本事，但不要有脾气"。脾气是心魔，最消耗心力。我这些年，自认为有了一点进步，就是越来越没有脾气。

第三条，学会专注，守住自己的基本盘。

人生其实就是一场加法和减法的游戏。顺境的时候，做加法；逆境的时候，做减法。年轻的时候，多做加法，所谓艺不压身；而年纪大了，就要多做减法。**做加减法的依据，是看清自己的资源禀赋，看清自己得以安身立命的本钱，找到自己的基本盘，然后守住它。**

每个人都有自己的基本盘。从最开始的父母、家庭、企业或其他组织，再到朋友和客户，每一层面都有我们最应该珍视的部分，有我们无论如何都要坚守的部分。人犯的最大错误，就是丢掉自己的基本盘；种了别人的地，荒了自己的田。这在人处于顺境，忘乎所以的时候，尤为常见。

当我们的所作所为偏离基本盘之后，会处于一种学术上称为"核心消融"的状态——我们会变得非常脆弱，甚至不堪一击。所以，要时刻盯住自己的基本盘，看清自己所忙碌的方向是不是有助于巩固和发展这个基本盘。

回首往事，我曾有过多次偏离基本盘的痛苦经历，教训深刻，印象深刻。比如，在事业上，我的兴趣曾多次游移，而这个游移过程往往无意识，像极了夜里的梦游。我迷失在局中，根本不知道自己在干什么，有时甚至还会莫名其妙地感到愉悦。直到有一天，猛地清醒之后才意识到，人生苦短，要把有限的时间放在一两个值得专注的方面。这时当然会心有不甘，但这就是人生的质变，是必须要做出的选择。

我们满眼森林，但只能得到树木——这是天命。就好比我们进入一个大型博物馆，不能奢求把所有展品都仔细看过，必须要有所取舍。什么是取舍？取舍就是选择，而选择的本质，实际上是放弃。

人犯的最大错误，就是丢掉自己的基本盘；种了别人的地，荒了自己的田。

罗老师的命题作文之所以难写，在于他要求我写"软技能"。而我苦思冥想，觉得技能属于能力范畴，往往难于总结，不可言传。我在信里和你分享的，与其说是软技能，不如说是我个人的生命体验。希望上述三条感想，能给你带来一点启发。

9th
LETTER

李笑来

———————————————————

天使投资人，连续创业者，原新东方名师。

代表作：

《把时间当作朋友》

《财富自由之路》

《自学是门手艺》

《让时间陪你慢慢变富》

主理得到 App 课程：

《李笑来·通往财富自由之路》

《李笑来谈 AI 时代的家庭教育》

———————————————————

各位读者朋友：

见信安好。

我知道潜水训练的课程中有一道考题：拿到潜水表之后要做的第一件事是什么？

我听潜水教练说，大家的回答可谓花样百出。其实有一个简单且正确的答案，很多人就是没想到。

你先想想，我继续往下讲。

—

这封信主要是想和你聊聊软技能。总结各方并不完全一致的定义，软技能包括一个人的情商、个性、社交礼仪、沟通、语言、个人习惯，还有解决问题的能力、领导能力、时间管理能力等一切"非技术技能"（non-technical skills）。

在我看来，"软技能"和与之相对的"硬技能"之间最根本的差别在于是否可以通过考试衡量。

显而易见，硬技能是可以用考试衡量的，它可以分级，也会发证。可软技能呢？无论哪一个都一样，根本没法用统一的考试去衡量。

但在现代教育体系下，在至少十年的时间里，我们的所学所练所思所想，全都是关于硬技能的，也就是能通过考试衡量的那一部分"学习"。人的时间、精力有限，还都是排他性资源，用在这里就不能用在那里……于是，等有一天，软技能成为必需品的时候（也就是踏入社会的那一瞬间），大多数人都会变得不知所措。

再回到文章开头那个潜水训练的问题：拿到潜水表之后要做的第一件事是什么？

正确答案很简单：认真阅读说明书！

现在，你并不需要向我回答这个问题；我需要你做的是，真实地向自己回答这个问题："请问，拿到任何新设备的时候，你有认真阅读说明书的习惯吗？"然后，你再仔细观察一下身边的人，看看他们有没有认真阅读说明书的习惯。

你会因此惊讶的——绝大多数人终生都没有这个习惯！也难怪，反正从感觉上来看，这一辈子好像谁都不可能遇到"产品说明书阅读理解考试"，对吧？

说明书无处不在，它不仅仅是以最常见的小册子形式存在的。比如，路标，本质上不就是行程说明书吗？

但不要以为每个人都读得懂路标，更不要以为每个人都重视路标。只要上街走两步你就知道了——在现代城市里，路标那么明显、那么清楚，甚至故意多处重复，可有太多人依然会走错路、违反交通规则，甚至造成严重的社会经济损失。

刚刚说的是路标。复杂一点的行程说明书是地图（也包括更现代化的电子导航）。你再看看有多少人其实并不习惯，甚至压根儿看不懂"左西右东"的标准地图模式。他们用导航的时候必须使用"车头向上"的傻瓜模式，否则就会犯迷糊……这就是不重视说明书，也不想因为说明书而改变自己的最经典的生活案例之一。

这还是"产品说明书"，只要上手能用，不看也就罢了；但你知道吗？绝大多数人连药品说明书都不看——他们默认"反正自己看了也不懂"。

不光药品说明书不看，有调查研究表明，如果医嘱以文字形式展现出来，那么拒绝阅读的人的占比会提高几乎 1/3——可问题在于，如果医嘱略微复杂一些，超过三条，就只能以文字形式展现……于是，医嘱在现实生活中被彻底贯彻执行的概率比医生们想象的低很多很多。这可是赤裸裸地以生命为代价啊！可那又怎样呢？反正就是不看。

是否重视说明书造成的巨大，甚至可能无法逾越的差异，在一种特定的产品上体现得淋漓尽致——计算机，或称为电脑。

现在很少有人自己动手组装电脑了，基本上都是直接买一个整机回来，插上电源，按一下开关，操作系统就启动了。机箱上一共就那么两个按钮，若干个孔，让人感觉实在是没什么读说明书的必要——反正等硬件真的坏了，自己也是没办法修的……

实际上，电脑里的每一个软件都有详细的帮助文件（Help）。**而一个软件的帮助文件，其实就是它的说明书**。它们结构清晰、说明清楚，又因为是电子版，所以可以全文搜索、随时调用。但即便是做到这个份儿上的帮助文件，绝大多数人也从来不看、坚决不看。与此同时，书店里无数关于电脑软件的介绍图书、教程，大多数只不过是对帮助文件的改写、重写而已，却卖得热火朝天——请问，这些钱究竟是在支付什么成本？

看没看帮助文件还会带来一个结果：出厂时一模一样的电脑，到了每个人手中，经过一段时间之后，就变成了各不相同的东西……有的干干净净，有的乱七八糟；有的效率极高，有的毛病不断；有的成为各显神通的利器，有的绝大部分功能闲置，于是价值聊胜于无……可当初明明是花了同样的价钱买回来的同样的东西啊！

二十多年前，我还在新东方教托福和 GRE 写作的时候，别人上课用 PPT，我却把 Word 当作"板书工具"。课后经常有学生慨叹，"Word 竟然可以这样用！""从来没见别人这么用过呢！"若干年后，我用 OBS 做串流直播时，其实还是用差不多的方法，把 Word 当作"板书工具"，只不过操作系统换成了 macOS 而已，但依然会听到相同的慨叹……

我和其他人的区别是什么？我有认真阅读说明书的习惯啊！

我是如何使用 Word 作为板书工具的？[①] 我把文章链接放在文末，你可以去看看。当然，如果有空的话，你还可以去由大量类似文章构成的"仓库"[②] 翻一翻。里面的文章，如果你认真阅读，并且最终能够熟练照章操作，那么，同样价钱买来的电脑，在你手里就是比在别人手里更好用、更强大、更有效率。

这些文章是什么？本质上来看，只不过是另一个版本的软件帮助文件，也就是软件说明书。写这些文章的李笑来是干什么的？很多人说李笑来是著名作家、畅销书作者。我自己也大言不惭，经常凡尔赛："你们都错了，其实李笑来不仅是畅销书作者，更是长销书作者……"可实际上，我内心很谦虚，因为我知道，李笑来只不过是个写说明书的而已——当然，写得的确好，这也是事实。

可偏偏也奇怪了，写说明书竟然可以赚钱，并且可以赚很多钱……更奇怪的是，原本说明书这种东西是免费的啊！只是因为大家不看，并且是 99% 以上的人都不看，所以免费的说明书内容经过整理之后竟然可以卖出很高的价钱。至于为什么长销，很明显啊，一代又一代的人都一样，反正都不爱看说明书，就是不看，坚决不看！

现在的人已经无法想象没有互联网的世界是什么样子的了——我生于 1972 年，到 25 岁那一年才接触到速度极慢的互联网，到 30 岁左右才开始有谷歌可以使用（谷歌公司创立于 1998 年），再过两年才知道有个叫维基百科的东西（维基百科于 2001 年上线）。突然之间，我发现自己生活在一个说明书无处不在、无所不包的时代。对我而言，那时候最大的运气在于英文阅读没有障碍。于是，可供检索和参考的"说明书"数量极多。

在我眼里，所谓的学习，其实就是"认真阅读说明书"而已；而所谓的学习难度，最终只不过是说明书内容的差异程度而已，再了不起就是内容结构复杂程度有一定的差异。

当然，如果是学习一门外语，难度确实比前面我们说的熟悉电脑软件高那么一点点。但你再想想：外语的说明书是什么？无非是一本词典再加一本语法书。了解说明书（词典和语法书）的结构，不就是一小会儿的事吗？也没有人要求你把说明书背下来是不是？通常就是遇到问题去查看说明书，慢慢查，经常查。

人与人之间的差异在哪儿？很明显，再说一次，大多数人都不爱看说明书，就是不看，坚决不看！

在我上学的年代，心理学这个领域经过长期的蓬勃发展，终于开始开花结果。而当一个学科在蓬勃发展的时候，普通民众都是被蒙在鼓里的；所以要等我离开学校很久以后，心理学图书才开始在市面上涌现。我立刻就爱上了这类书，因为在我眼里，**一切心理学图书，甚至这个领域里的每一篇学术论文，都是大脑的说明书**。这么重要的器官，为什么在此之前就没人想过给它写说明书呢？这么丰富、这么详尽！太重要了！太好了！必须认真阅读！必须认真研究！必须及时演练！

终于有一天，我也有了子女，我要开始查看"少儿大脑说明书"——买回来跟别人配置相同的电脑，我可以用得比别人更好；凭什么人脑就"用"不好呢？更何况我还是个如此习惯于认真阅读说明书的人！

"说明书"里写得很清楚，人类与其他哺乳动物最不一样的地方在于，最终人类的脑化指数，也就是大脑质量和体重的比值更高。人类幼崽在出生的时候，大脑发育尚未完整；要到 36 个月左右的时候，他们大脑各方面的结构才算真正发育完整。

当你跟一个人类幼崽说"不要碰！"的时候，虽然每个音他都听得到，但等你说完，他可能只记住了最后一个音/字，那么他的反馈肯定就是"碰碰碰！"——这是人类幼崽最初说话的时候总是说叠词的根本原因。

成年人不要奇怪为什么人类幼崽一定要干你不让他干的一切事情，因为无论你说什么，他通常都只记得最后一个音/字。**你想让他多干什么就直接说、多说、反复说。反过来，你不想让他干什么，就别说；如果非得警告他，那么就说一个字，"不！"——必须是一个音节的"不！"**

你看，因为我认真阅读了"说明书"，所以我知道应该如何调整自己的说话方式——换言之，相对于那些从不阅读"说明书"的父母，我更擅长"使用"自家幼崽的大脑……

一个人的自学能力很重要，这一点毋庸置疑。自学能力很神秘吗？并不是啊！自学能力其实就是阅读说明书的能力，真的仅此而已。

2019 年，一位仅有高中学历的父亲徐伟喜生二胎，是个儿子。不幸的是，这个男孩天生基因缺陷，患有一种叫作 Menkes（又称钢发综合征）的罕见病。患有这种病的孩子，大部分生命都会停止在 3 岁以前。你完全可以想象这些患者的家长会有多么绝望。

徐伟不一样。他竟然在家里改造了一间 25 平方米的封闭实验室，开始自学生物化学基础和基因编辑，最终成功自制出了具备药用价值的化合物，通过"组氨酸铜"和"伊利司莫铜"让儿子徐灏洋的生命得以维持，甚至成功培养了干细胞——这其中的重重困难和艰难险阻没必要在这里复述一遍。

徐伟不是科学家，他只有高中文化水平，连英文都看不懂。但他肯用谷歌翻译不断查看各种学术论文……他在干什么？真的很朴素，只不过是"认真阅读说明书"——读不懂也要读，读多了就懂了；然后就开始照着做，做不好没关系，做多了就做好了……为什么他肯那么认真？因为人命关天，何况亲子之命。

关于徐伟的报道，我读了很多遍，屡屡泪如雨下。敬佩之余，我通过多方打听联系上了他。

2022 年 8 月 23 日，徐伟终于为徐灏洋完成了基因治疗，并且看到了改善——基因治疗的研究和实施过程中所使用的设备的一部分，是我用我的部分稿费资助的。听到孩子状况有所改善的消息，我心中五味杂陈。这样的父亲，绝对不是能够通过考试筛选出来的，对吧？

最后我想说，现代人迫切需要的一切软技能，其实都是有"说明书"的；不仅有，还很丰富。反正，李笑来自己就写了很多说明书。

《把时间当作朋友》，其实就是时间管理的说明书——听说时间管理是很重要的软技能之一；《财富自由之路》，其实是自我认

现代人迫切需要
的一切软技能，
其实都是有"说
明书"的。

知的说明书；《自学是门手艺》是自学能力的说明书；《让时间陪你慢慢变富》是投资的说明书……而就在刚刚，李笑来提供了一份"说明书的说明书"——希望能对你有启发、有帮助。

注释

①　如何把 Word 当作白板教学工具，详见：https://github.com/xiaolai/apple-computer-literacy/blob/main/ms-word-as-whiteboard.md。

②　个人电脑使用说明，详见：https://github.com/xiaolai/apple-computer-literacy。

10th
LETTER

第十封信

像作家一样观察

贾行家

贾行家

作家，得到专职作者，专注于中国文化和文学研究。

代表作：

《世界上所有的沙子》

《尘土》

《潦草》

主理得到 App 课程：

《贾行家·文化参考》

《贾行家说儒林外史》

《贾行家说 < 聊斋 >》

《贾行家说千古文章》

《贾行家说老舍》

《贾行家说武侠》

读者朋友惠鉴：

你感兴趣的软技能，最该问问以写小说、写散文为志业的作家，这是他们一辈子都在琢磨的本领。说起来，人人都可以读书、写字，对作家来说，除了软技能，还有什么别的本事吗？

文科生在填报高考志愿前得知道一个常识，中文系的目标不是培养作家，而是训练专业的语文工作者，课程所教授的是应用于语言学、教育和出版行业的系统知识，和文学创作不见得有必然联系。

很多人认为文学创作是不能教的，因此，即便中外大学普遍开设了名家主持的文学创作课，认为它没用的作家还是和认为有用的一样多。对一定水平之上的创作者来说，能寻求到的前辈经验，不再是亦步亦趋的技术指引，至多是大体评估："这么写对不对？这件事做成了吗？"至于灵感要从哪儿来，该怎么把不对的地方修改对，没人能告诉他——**AI绘画技术很残酷地揭示了一个道理：凡是能进行清晰量化描述的，就不再是艺术创作，就可以被算法替代。**

我们习惯的说法是：当作家的本事是老天给的，所以才叫天赋。那些不知道从哪里迸发出来的激情、能量和才华，都是模糊的、不可言说的。然而我们还是要问，真的如此吗？所谓天赋到底是什么？

　　软技能是根适合戳破问题的棍子，我们就用看一种"技能"的方式，拆解一下这个被视为纯粹感性的秘密，以及它能迁移到什么场景里去。比如，作家、艺术家一般都具有一种软技能——观察能力。

　　某种意义上，文学艺术创作无非是把观察的结果呈现到创作意图上。

　　——

　　先来说观察能力在艺术里是种什么样的软技能，用故事来讲。

　　2015 年，北野武主演了一部传记电影《红鲻鱼》，评价极高。这部电影的传主是日本落语名家立川谈志、立川谈春师徒。落语是日本传统的单人说唱喜剧艺术，据说从净土宗和尚的讲经和民间故事、笑话发展而来，可以像相扑一样，办成观众身着正装坐在歌剧院里欣赏的隆重演出，你也可以把它理解成"日本单口相声"。

　　这部电影由立川谈春本人编剧，他说自己的师父立川谈志收徒弟很随便，像搞笑一样，初期不大教专业技能，对徒弟们说"你们的任务就是哄为师开心"，吩咐他们整天做家务、处理杂事，出门前会一下分派 30 件事，还不许用笔记录，事后还要一件不落地检查；谈春在一件小事上拒绝了他，就被打发到筑地海鲜市场打了一年工。谈春也是个犟眼子，面对如此无厘头的教学也没放弃，真的整整卖了一年鱼又回来学艺。

文学艺术创作无非是把观察的结果呈现到创作意图上。

回来后，他给师父打杂的水平变得不一样了。师父穿演出用的和服出门，别的徒弟准备的只有配套的草编拖鞋，他多准备了一双运动鞋，因为从家到会场要步行一段路，拖鞋可以到地方再换。师父白天烫伤了手指，他晚上放的洗澡水的温度就调得比往常低几度。师兄弟们说，谈春变得对周围的人很细心、很温柔。

电影观众不难看出，谈志到底让徒弟去海鲜市场学什么？学的是对环境和人的观察和反应。

他说的"当学徒先要哄师父开心"并不是PUA（心理控制）。落语是喜剧表演，演员要随时观察现场，根据观众的状态、情绪调整表演节奏，也就是常说的要有控场能力。要是你连师父一个人的需求和状态都掌握不住，还怎么应付几百名观众呢？谈志让徒弟们一天做30件事，也是为了测试他们的记忆力和一心二用能力——在舞台上观察观众时不能死盯住观众席看，否则会忘词。

专门让谈春去海鲜市场打一年工锻炼这些能力，其实是谈志在因材施教。谈春是在高二那年看了谈志的表演，头脑一热辍学来学艺的，容易热的头脑也容易凉。而且他没有理解社会，也就很难理解表演，需要为他寻找一个观察和适应社会的地方。可以说，这也是谈志观察之后的决定。

在海鲜市场，谈春每天要端着一大摞箱子来往穿行，如果不留意附近的环境，就会被人撞倒。该怎么通过叫卖和肢体语言把顾客吸引到自己的摊位来，也是和表演相通的修行。他刚去的时候，笨手笨脚，本事不大，脾气又不小，天天遭摊主母女白眼。

可是到了一年期满，谈春出落成了游刃有余的卖鱼专家，摊主的女儿还想招他当女婿。

观察，如果观察得不够，就进入这种生活内部去浸泡和体验，去身在其中地观察，这是表演者都明白的法门。你说，一名影视演员的核心能力是什么？他确实要学台词、学形体，但是真正打动观众的，是没法用"硬功夫"概括的观察和呈现。就说这部电影的主演北野武，在20多年前的一场车祸之后，他的大半边脸都没法动了，但他仍然是个富于表现力的杰出演员。

如果能用演员控制整个观众席的观察力去处理和一个人的交往，你可能就会像有"读心术"一样神奇。当你说出一个人憋在心里的那句话，他可能会把你视为平生知己。当然，你的选择不一定是迎合，更不一定是利用，但你绝对需要感觉到周边的人正在想什么，正在做什么。哪怕你做的是很少和人打交道的工作，比如寻找一种新的化学元素，最好也得知道项目投资人现在是什么想法，因为那决定着下一笔经费会不会拨付。

再和你分享一段这部电影里师父教训徒弟的台词，**我行我素的北野武在现实里也说过类似的话："把责任推卸给时代，推卸给世界，你的处境不会有任何改变。现实就是现实，你要观察和理解现状，好好分析，现实中一定蕴含了人走到今天这一步的原因，你能发现其中的现象和道理，再采取行动就可以了。连现实都不能判断的人，就是笨蛋。"**

那么，作家是怎样观察世界、处理经验的？我直接来说最厉害的一个例子。中国最伟大的小说当然是《红楼梦》。《红楼梦》为什么伟大？我不知道有没有通行的标准答案，我只能说：它是如此不可思议，又是如此天经地义。

说它不可思议，是因为曹雪芹既原创出了一种全新的长篇小说形态，又造就了一个后世没法越过的高峰。喜欢写短篇的作家说，每一个短篇都要重新建立一个结构，相当于写一个长篇；但是写长篇的作家说，"长篇是一种胸中的大气象，一种艺术的大营造。那些营造精致园林的建筑师大概营造不来故宫和金字塔"，说这话的人是莫言。

说它天经地义，是因为书中有超越性的、像镜像结构一样的想象部分，可到了写实的时候就是完全写实，是深入每一个人物内在的真实，三五笔之间就建立起一个细腻的、活生生的、可以进入文学史的人物，让我们相信世界就是如此，一定是如此，只是不经由小说家之手我们看不到这个本相。这是观察的至高境界。

这种写实的功力比彻底放飞幻想更难，也就是我们常说的"画鬼魅容易，画犬马难"。**从曹雪芹到托尔斯泰，那些经典小说家的驾驭力和观察力恐怕是在现代小说家之上的，他们不使用抄近路的技巧，而是张开吞天大口，无论多浩瀚的对象都直接端到纸面上来。**

作家的观察达到极致之后的表现就是这样的，他可以呈现一个纤毫毕现的世界。如果我们要为这种能量找一个蓄积的起点，为那些庞然巨作找到一颗生发的种子，就是观察。很多人以为作家的特殊本领在于文字才能，其实一切始于观察。

曹雪芹的观察力是一个谜。

不同的历史考证显示，在曹家被抄没时，曹雪芹至多不过十四虚岁，即便记忆力极强，他那时也未必走遍了曹府的各个角落，不一定有能力了解每个人。后来，他落魄地住在北京西郊，没有什么"贵族家庭生活指南"和那个时代的《唐顿庄园》可供参考，他到底是怎么既能把握贾政、贾琏这种很不一样的贾府上层男性的生活状态，又能体验袭人、晴雯这种很不一样的丫鬟的内心的？

既然我们说的是作为软技能的对人和生活的观察及把握能力，那它就不像学科里的检视、诊视那样，有硬性的关于"先看什么，后看什么"的规范。下面说的是观察的一些基本要素。

先来说第一个要素。既然是以他人为观察对象，观察者就得把自己的利益、目标和道德判断先收起来。

小说家会刻意为自己确立局外人、边缘人的位置，这有利于做出客观的观察叙述。村上春树说："对于笔下的人物，我并不事先想好此人到底是个什么样的人，我只是尽量设身处地地去体会他们的感受，思考他们将何去何从。我从这个人身上收集一些特征，再从那个人身上获得一些特点。我笔下的角色要比真实生活中的人感觉更加真实。在我写作的六七个月当中，那些人物就活在我的身体里，那里自有一片天地。"这说的就是先放下自己，放下所谓立场和第一印象，去朴素、直面地观察。很多人说自己能一眼断定他人的善恶贤愚，我没有这种能力，也不相信存在这种能力；我和自己相处这么久，都没有看穿自己，更不要说看穿他人了。

曹雪芹当然有分明的好恶、爱恨和审美倾向，可是他写贾琏，就要贴住贾琏荒淫的生活趣味；写纯粹而骄傲的晴雯，就要呈现晴雯的刁蛮、促狭急躁和"认不清形势"。能把观察和理解的尺度投放到多远，容纳多大的差异性，决定了一个作家的境界。我们说一个作家悲悯，其实他未必做了什么具体的好事，甚至在生活里可能是个糟糕的人，但是他那种包容力的高视角，近乎悲悯。

具体到软技能，从中可以迁移的是什么呢？很简单，是通过认清个体而理解全局的视野。**至少，我们要知道"眼里有别人"，要接受他人和自己存在于这个世界的资格是同样的，既不更高，也不更低。一个总是愤怒于他人针对自己的人，不妨换个角度观察：你是从什么时候开始常常针对他人的？**

观察的第二个要素是考虑因果。

这个过程有点像编一个故事。一个编剧在设计人物时会不断问问题：正式登场前，这个人物有什么样的经历和故事，他想要什么？以他的性格和能力水平，会为这个目标做些什么？他在外部环境里遭遇了哪些事？这是对手有意识的行动造成的，还是因为说不清的命运？面对阻碍，他会坚持还是妥协？这又带来了什么结果？……

这种编剧方法，其实就是对人物形成设定后，在头脑里建立沙盘，模仿前面讲北野武时说的那个"蕴含了人走到今天这一步的原因"的现实，即以自己的知觉建立因果关系。大作家的写作中经常出现这种情况：一个人物建立起来，仿佛逐渐脱离原先的情节，开始自主活动，制造出连作者本人也始料未及的变化。这不是失控，而是最美妙的灵感状态，是感性的观察体验走到了理性之前。

小说大师福克纳说，"作家需要三个条件：经验、观察、想象。有了其中两项，有时只要有了其中一项，就可以弥补另外一两项的不足"。而我认为观察是其中的中枢，少了观察，经验发挥不出来，想象也缺少材料。曹雪芹笔下的真实感，当然不全是他的经历，他是把自己的回忆和观察灌注到了想象的那个部分。

具体到软技能应用，比如谈合作。除了想清楚自己的底线、对方的底线，还可以像编剧一样，设计一段从起点到达成协议的多分支情节：你说出这段话，对方会有几种反应？针对每种反应，应该如何作答？这个"剧情"的依据是过去的观察，到了临场发挥的时候，你还要像演员一样，观察对方表现出了你预想中的哪种反应。

这时依据的又是什么呢？我认为是观察的第三个要素：细节。

小说的艺术体现在细节之中。普通人观察常常只收集对自己有用的信息，而小说家是一些无用信息的收集者——他不见得清楚那些细枝末节对自己有什么用，但是会出于好奇或者某种奇怪的趣味，把它们死死记在心里，成为表达时的胜负手。

还说曹雪芹。刘心武老师对《红楼梦》的探佚，我不敢苟同，但他是位好小说家，注意到了曹雪芹笔下的细节：宝钗、黛玉和湘云，到了春天，两腮是要犯杏癍癣的，要互相借蔷薇硝来抹。留意到这一点不完美的细节，红楼女儿的青春姿态才是完整的，这就是完美的文学细节，艺术的完美并不是表象上的完美。

我们都希望在观察中建立一种秩序、一种意义，但也不能放过那些没法归类和接受的、会吓你一跳的细节。这个世界不只是为我们人准备的，我们的内心深处藏着数不清的幽暗，那些惊人的细节里藏着巨大的真相和征兆。

毕飞宇老师在他的小说课堂上反复称颂王熙凤探望秦可卿病情的一处闲笔。整个贾府都认为她俩是情投意合的闺蜜，王熙凤也满脸戚容、似乎努力抑制着内心沉痛地慰问了秦可卿。可是她刚走到花园，就开始"一步步行来赞赏"起来。毕飞宇分析，王熙凤有不同的侧面，在人前好像心里装着别人，无微不至；只要一离开现场，心里就只有自己了。曹雪芹惊人的洞察和笔力之浩瀚，就达到了这样的地步。

低水平的观察是察言观色，高水平的观察是把握生命状态，那可能是一种之前无人知晓的状态。好的通俗小说往往是比纯文学作品更"完满"的、更处处和谐的，善恶报应都安排得清清楚楚，收拾得干干净净，然而那种完整也是一种局限。富于文学性的好小说会提供反逻辑的、令作者和读者都不安的细节，动摇我们对世界的理解。

我们在日常生活中是不是也如此？你会观察到一些无法解释的，乃至颠覆你世界观的细节，是承认它还是忘掉它，相当于《黑客帝国》里的尼奥选择吃蓝药丸还是红药丸。我相信你是那个选择勇敢直面的人。

这种作为软技能的观察，教我们的是"见自己，见众生，见天地"，我认为这也就是商业人士常常挂在嘴边的"格局"——那应该不是对商业模式的想象力，而是对整个世界的理解力。那些惊人的细节，有时会经由苦恼的思考打开这个格局。

———

最后来讲一个有关观察"格局"的故事。

刘震云老师是位总是溢出文学评论的小说家。比如他年轻时写《一地鸡毛》，情感是零度状态，叙事是"流水账"，完全不符合写小说要起承转合的规则，可那部中篇是今天的经典，贡献了"一地鸡毛"这个形容平庸琐碎生活的成语。他几十年后的解释是，写小说就是从生活里拿出一些细节，有人认为八国首脑会议重要，小说中的主人公小林就觉得他家的豆腐馊了才重要。这种观察相当于商业世界里常说的"用户洞察"，你不要说用户该关心什么，你要说用户关心的到底是什么。

同样，刘震云写河南历史上的灾难、饥荒时，用的是一种幽默的笔调，这也是很多评论者无法理解的——怎么能这么写呢？这种事还能开玩笑吗？

这也是对历史和民族的深刻观察。他说，我们那儿的人就是如此。因为历史上这类严峻的天灾人祸发生得太多，持续得太久，如果大家只用严峻的态度应对接连不断的严肃事实和历史，就像拿一个鸡蛋去撞一块铁。"当他们用幽默的态度对待严峻的事实，可能幽默就变成了大海，严峻就变成了一块冰，冰冷的现实掉到幽默的大海里，它就融化了。这是河南人幽默的来源。而不是他们非要油嘴滑舌，也不是非要虚头巴脑，也不是非要说俏皮话，这些幽默的态度是有来路的。"

这就是观察的深度和广度，以及它所能实现的理解力和表现力。如果刘震云只做一般的观察，只写起承转合和常见的抒情，他就不会是大作家。至于从观察到行动的软技能，我们再一起听听其他老师怎么说。

先陈鄙见，伏惟幸察。

贾行家

11th
LETTER

第十一封信

有对象感，才能写出对话感

刘润

刘润

著名商业顾问，润米咨询董事长，微软前战略合作总监，海尔、百度、恒基、中远等企业的战略顾问。

代表作：

《底层逻辑 2：理解商业世界的本质》

《底层逻辑：看清这个世界的底牌》

《每个人的商学院》（全 8 册）

主理得到 App 课程：

《5 分钟商学院·基础》

《5 分钟商学院·实战》

《刘润·商业洞察力 30 讲》

《刘润·商业通识 30 讲》

亲爱的读者：

　　你好，我是刘润。此次写信给你，是想和你聊聊职场写作这项软技能。

　　"写点东西"这件事也许已经困扰你很长时间了。工作汇报、年末总结、创意文案、个人简历，甚至连给客户发个微信都涉及"写"这个动作。可我经常看到这样的情况：一些同学觉得自己写得大气磅礴，忍不住要给自己点赞；看的人却表示不知所云，"你到底想说什么？"

　　怎样才能写出一篇好文章？关于这项人人需要的软技能，有没有什么好方法？

　　"写"这个动作，我几乎天天都在做。有时候是输出万字长文，有时候是寥寥几笔，作为一点分享。虽然写得不怎么样，但也坚持了 29 年。我觉得写作是一件非常有价值的事，不一定非得是写专栏、公众号，还可能是写一份工作汇报、练就一项基本功。在今天，如果你也想收获更大的影响力，不妨试着提升一下写作能力。

　　老话说，文无第一，武无第二。我斗胆把我这几年来的一些小心法分享给你，恳请收下。

　　我经常和我们公司的编辑同事说，写给读者看的文章一定要有同理心；只有表达欲的人是写不出好文章的。

你可能会有一点点惊讶：写文章，不就是为了表达吗？

是的，写文章确实是为了表达。但"表达"和"表达欲"是不一样的。表达欲，是一种难以自持的，想把脑海里的东西倾泻出来的欲望。为了满足表达欲而写作的人心里装的是自己——"我觉得如何""我认为怎样""我知道什么"……

如果这篇文章只是写给自己看的，只是想要孤芳自赏，那自然是怎么写都行。可如果这篇文章是写给读者看的呢？

我个人的看法是，**真的要写好一篇文章，心里装的不能是"我"，而应该是"你"。**

不同的读者看文章时的状态是不一样的。我常常会偷偷地琢磨，此时此刻，看这篇文章的你正处于一种什么样的状态。

你可能正在下班高峰期的人潮之中，拖着疲惫不堪却又不肯服输的身躯，希望用碎片化的时间在这本书里学习一点自己感兴趣的知识。你可能正在用午餐，右手拿着筷子，左手刷着手机上的电子书，嘴里嚼着美食，心里装着未完成的工作。你可能正在沙发上"葛优躺"，翻动着这个叫刘润的人写的文章；视频节目同时输出着背景音，虽然你一句台词都听不进去。你可能正在深夜的卧室，不断告诉自己，再看一会儿，就一会儿，马上就睡了。

对写作者来说，最重要的是让文字照顾好处于不同状态的读者，用同理心带给读者好的阅读体验。

那什么是好的阅读体验呢？说起来并不难。好的阅读体验，就是能够顺畅地读完，没有卡顿，没有暂停，就像游客在导游的带领下观赏美丽的风景，只要跟随着就足够了。

但做起来并不容易。比如，读者点进一篇公众号文章，也许只是被它的标题或者头图吸引："哦！这条新闻啊，我也在关注这个事儿。""咦？今天的文章在聊餐饮行业，我正好是干这个的。""啊，养生啊，身体是革命的本钱，确实得看看。"

但是刷着刷着，他可能就卡住了："怎么就变成这样了呢？""你这说得不对吧？"如果你的文章能让读者想到这样的问题，那真的是很了不起。再厉害一点，就是帮他把问题"说"出来："具体怎么做呢？"

设问，回答。再问，再答……试着做读者肚子里的蛔虫，把他想说的话都写出来。帮他消灭卡顿，让他觉得畅快淋漓，过瘾，真过瘾！

这就是同理心的价值。有了同理心作为基本功，很多写作心法也就水到渠成了。

除了同理心，我们办公室里还有一句"名梗"：同学们，你们写文章的时候要把这篇文章当作写给马云看的。这个梗的意思是，写作要树立对象感，好像对方就坐在你对面一样。

如果马云就坐在你对面，他的商业知识很丰富，那这句话你还会不会这么写呢？

"哎呀，不行不行，不能'差不多就得了'，我得重新组织一下语言。这个地方不能写得云里雾里的，那个地方不能写得不明不白的，否则马云会笑话我的，我好歹……"

有了这种对象感，文章才有对话感。

有一些热心的同学非常抬举我，说看我写的一些文章，像是我坐在他对面说给他听一样。为什么会有这种感觉？因为文章里有一个字——"你"。"你有没有遇到过这样的问题？""我想请问一下你……""你和你的下属李雷……"

不妨试着想象一下：此时，如果那位你想影响的人就坐在你对面，你是不是也会很自然地说出"你"这个字？

除了常用"你"之外，我还会非常克制使用一个词——"大家"。

"大家"这个词和"你"恰恰相反，是没有对象感的，它指代不了任何一个特定的人。假如此刻我就坐在你对面，我对你说："大家怎么看？"你大概会觉得，这个人是不是脑子坏了……

为了不让你怀疑我的智商，我还会想方设法地用口语化的写作方式来搭建这种对象感。比如，"好了，关于对象感，我们就先讲到这里"。

每次写作之前，我都会不停地提醒自己，姿态要低一点，再低一点。

比如，我在"刘润"公众号里最常写的就是商业相关的内容，写作时也特别容易出现一些非常难表达清楚的知识点。但我不能说："喂！就你！看明白了没有？没看明白？那你多看几遍，一直到看懂为止！看不懂不准走！"

把内容讲清楚，是写作者的责任。所以，"请你给掌掌眼，你觉得我写明白了吗？啊，没写明白？那我再改改，再改改……"

中国有句老话，"君子自污"。意思是你浑身雪白地出门，就会有人忍不住冷不丁地往你身上泼脏水。人们不相信洁白无瑕，也不能忍受有人洁白无瑕。那怎么办？出门前先往自己身上泼一些脏水。这样别人看到你就会哈哈大笑，但是恶意全消。

你可能会想，这有什么意义？他污、自污，不都是污了吗？其实，"污"不重要。重要的是，**"他污"是用来邀请恶意的，而"自污"是用来邀请善意的**。

具体怎么做呢？

把好事都留给对方，把坏事都留给自己。

比如，说好事就得指着对方说："假如'你'中了一百万，'你'会怎么花？"那说坏事呢？就得指着自己说："假如'我'得了癌症，让'我'好好想想还有哪些要紧事……"你一定知道，"得癌症"只是我做的一个假设。但假设一件坏事发生在别人身上，换谁看到的反应都是"我就不让你说，就不让，就不让！"

坏事只能留给自己，这就叫君子自污。开自己的玩笑，是一种幽默感。把优越感让出去，才有机会影响别人。

———

前面说，职场写作，有时候要写的是一份工作汇报。这个时

开自己的玩笑，
是一种幽默感。
把优越感让出
去，才有机会
影响别人。

候，写作最重要的目的之一是影响别人。

如何做到影响别人呢？

逻辑，逻辑，还是逻辑。

麦肯锡曾经有一位非常厉害的合伙人，叫芭芭拉·明托。她创作的《金字塔原理》影响力非常大，被很多人推荐为商业领域的必读书。

这本书中提到了一个"逻辑势能"的概念，可以用 SCQA 四个字母来概括。

S（Situation），背景。

这篇文章面对的外部环境是什么？有关这个话题的现状是什么？最近发生了什么受关注的事？

比如，写论文的时候提到，"人口老龄化现象，一直是一个备受关注的社会课题，数据显示……"

这就是背景。

C（Conflict），冲突。

这个话题带来了什么样的影响？是不是和想象中不一样？是不是给一些人造成了困扰？

"现在，人口老龄化日趋严重，加剧了社会负担……"

这就是冲突。

Q（Question），问题。

你现在写的这篇文章，提出了什么样的问题？到底想要解决读者在哪个方面的困扰？

"今天我们最稀缺的资源是什么？""为什么说有的创业者还

没出发，就已经失败了？"

这些是问题。

A（Answer），答案。

我给出的答案是什么？我个人的观点是什么？我个人认为，这件事应该怎样解决？……

"我个人认为，今天我们最稀缺的资源，是时间。"

这就是答案。

芭芭拉·明托把 SCQA 这 4 个点做了一些组合，作为职场写作基本的逻辑势能，用来表达自我、影响他人。

我冒昧地引用诗仙李白曾为庐山瀑布写下的千古名句：飞流直下三千尺。一套流畅有力的逻辑势能应该像瀑布一样，从高处倾泻而下。而在瀑布面前，你不会想要逆转水流，也找不到任何切断水流的方法。你能做的，只有接受洗礼。

接下来我就给你举几个例子。

—

第一个例子是 ASC，即按照"答案—背景—冲突"的顺序，先抛出读者最关心的答案，再完整地交代背景，最后描述冲突。可以说，这是一种开门见山式的写作方法。

我想请你先花一分钟时间来想想这个问题：ASC 最适合用在什么场景里？

答案是工作报告。比如："老板，我今天要向你报告一项把公司的销售激励制度从提成制改为奖金制的提议。"这就是开门见山，直接抛出答案。

老板一听，心想：哦！原来你想和我聊这件事。这是大事啊，你为什么会有这样的提议？你顺势就可以交代背景："公司从创立以来，一直使用提成制来激励销售队伍，但它只是主流的三大激励机制中的一种。三大激励机制分别适用于不同的场景。"

原来提成制只是主流激励机制中的一种，那么老板肯定希望进一步了解：用提成制有什么问题吗？

这时，你就可以把冲突，也就是提成制带来的负面影响抛出来了："在公司业务迅猛发展，覆盖地市越来越多的情况下，提成制会造成很多激励上的不公平——富裕地区和贫穷地区的不公平，成熟市场和新进入市场的不公平，等等。还有可能出现员工拿到大笔提成，而公司却处在亏损状态的情况。"

看到这里你可能觉得，这也太麻烦了吧，不用 ASC，难道就写不了工作报告了吗？

不用这种方法，当然也能写工作报告。但是，没有逻辑势能的工作报告可能会导致这样的情况——我用大把大把的时间，写了一份面面俱到的工作报告，但老板只听了十分钟就受不了了："讲重点，讲重点，讲重点！"

老板说"讲重点"，其实是想知道"你想和我说的答案到底是什么"。所以，ASC 特别适合一些需要突出答案的场景。

第二个例子是 CSA，"冲突—背景—答案"。先强调冲突，引起读者的忧虑，再交代背景，最后公布答案。

不妨也来思考一个问题：哪种职业会通过 CSA 来构建逻辑

势能？

答案是骗子。你想想骗子惯用的话术："你用你的大拇指按一按你倒数第三根肋骨，用力按，对，用力按……你看！果然很痛吧？你这病得不轻啊！"

这就是在强调冲突。听到这句话，估计没有人心里不会"咯噔"一下："那怎么办？好疼啊，我还有救吗？"

"还好还好，能治。美国刚刚推出了一项研究成果，通过了FDA（美国食品药物管理局）认证。"

这就是背景。有这句话，心总算是放回肚子里了。"那有什么药吗？能买到吗？"

"幸好幸好，我这里正好有一盒，就是……有点贵。"

这就是答案。听到这里，东西再贵我也买了。

没错，CSA 的关键在于强调冲突，引起对方的忧虑，进一步激发对方对背景的关注和对答案的兴趣。

再来看第三个例子，QSCA，"问题—背景—冲突—答案"。接下来这段发言，就是按照 QSCA 的顺序来构建逻辑势能的。

今天，全人类面临的最大威胁是什么？在过去的几十年，科技高速发展，人类拥有的先进武器，已经可以摧毁地球几十次。但是，我们拥有了摧毁地球的能力，却没有逃离地球的方法。所以，我们今天面临的最大威胁，是没有移民外星球的科技。我们公司，将致力于发展私人航天技术，在可预见的将来，实现火星移民计划。

相信你已经猜到了，这段发言来自马斯克。它的关键在于突出信息——这件事虽说是个大麻烦，但我能解决；尽管这个难题带来了很大的困扰，但我有办法。

我从芭芭拉·明托的这套"逻辑势能"心法中受益良多。后来，我将学习心得用在了得到 App 课程《5 分钟商学院·基础》中。**简单来说，就是 SCA++，场景导入—打破认知—核心逻辑—举一反三—回顾总结。**

听起来很玄乎，我们一一来看。

场景导入是要把读者请进你的文字空间，导入他们的身份和情绪。比如："你有没有遇到过这样的客户？你满怀激情地跟他聊了很久，介绍你的产品，他也确实很心动，但最后还是因为觉得贵而缩手了。"

打破认知呢？它可以是："这真的是因为客户小气吗？你可能会发现他的包、他的表都很奢华；小气和大方是相对的，那有没有什么办法可以让这些所谓小气的客户变得大方呢？"这些问题，你是可以帮读者问出来的——对啊，为什么？为什么？为什么？这样一来，读者的思绪就被一只看不见的手牵着走了。"这太舒服了，我刚想问，你就说了，所以，到底是为什么呢？"

接下来你就该论述核心逻辑了："今天，我们就来讲一讲小气和大方背后的商业逻辑，教你如何解决这个问题。"

在此基础上，你还可以举一反三："其实，这个逻辑还出现在很多地方……""关于今天这个话题，我还有这么几个建议……"

因为你要在交付知识的同时，交付这种知识的其他用途。

到了总结回顾这个步骤，你可以帮读者做一个梳理："回到最开始的那个问题，今天我们聊了这么几件事……"最后来个提高升华。

这就是《5分钟商学院·基础》的写作心法，SCA++，用逻辑势能抓住读者的注意力。

2016年，我在罗振宇老师的帮助下，开始撰写《5分钟商学院》的稿件。当我把第一个5分钟音频交给罗老师的时候，他表现出来的克制我至今依旧印象深刻。我能敏锐地感受到，罗老师在小心措辞，想在不伤害我的前提下表达他的不满。但是，他失败了——他没找到这样的词。于是，批评直接劈头盖脸而来。

我哪受过这样的批评？为什么要这样批评我？我写得不好吗？为什么？为什么？为什么？

这是因为，音频的受众比较特殊。他可能是一边开车一边听，可能是一边吃午饭一边听，可能是一边遛狗一边听。注意力稍有转移，可能就听不下去了。所以，有一套能够抓住受众注意力的逻辑结构非常重要。

音频如此，文字也是如此。就拿我们的公众号文章来说吧，我也有那么一点小小的写作心得。如果你有一点点兴趣的话，我就斗胆继续说给你听。

我经常对编辑同学们说，公众号的读者可能会出于各种各样的原因点进我们的文章，但是，不管他是出于什么原因点进来，我都希望他能带走一些东西——一个有趣的观点、一个不太理解的知识点，或者只是一句有感触的话。

怎么让读者带走一些东西呢？

就是要打深、打透。想象一个场景：你把一台像素极高的单反相机聚焦在一朵花上，一直拍一直拍，拍到连花蕊都清晰可见为止。写作也是一样，想要把一件事情打透，应该不惜笔墨。

举个例子，我们来聊一聊诚信是什么。

如果只是说，诚信的价值很大，因为社会就是依靠诚信来运转的。这能让你信服吗？

不能？没关系，我们继续。

真正的诚信，是选择与世界重复博弈。为什么你去某些景点旅游就被疯宰，而在楼下菜市场买菜就不会呢？因为景区的海鲜店这辈子基本只会跟你做一次生意，属于单次博弈，那它当然要拼命提高客单价，宰死你为止。至于你家楼下的小贩，他选择诚信，是因为他要跟你做"一辈子"的生意。所以，诚信的本质是选择做长久的生意，选择跟世界反复博弈。

还是不够明白？没关系，再来。

在淘宝上，为什么商家如此热情，动不动就说"亲，包邮哦"？因为害怕用户给差评——服务态度不好，评分低，用户明天就不来买了。更可怕的是，前面用户的差评会影响后面用户的购买决定——每一个博弈人的信息在淘宝体系里都是公开的，这也意味着前面的单次博弈影响商家跟全世界的重复博弈，因而他必须对每一个人好。淘宝建立的这套机制，成功把单次博弈转化成了重复博弈，让每个人都特别注重自己的诚信。

还不明白？我的错，再来再来。

李嘉诚经常说，"我做生意，我拿七分可以，拿八分可以，但我只取六分"。李嘉诚和人谈合作时，对方出价 100 万元，他在了解完项目后，可能会给到对方 120 万元。他的理由是，"因为我觉得你这个东西值 120 万元，如果给你 100 万元，我觉得你就亏了。"

有的人能拿七分、八分，却偏偏要把十分都拿走，这就是不诚信。而一个优秀的企业家，想让和他做生意的人也获得价值，选择只取六分。他讲诚信，选择和世界重复博弈；他少拿的这两分，就是给世界的存款。

刚才我们围绕诚信这个话题，做了单反相机式的观点聚焦——一直打，一直打，打到透为止。但你可能有疑惑，这不就是一直说一直说吗？

是的。确实是一直说。但重复地说"诚信很重要"这句话是没有意义的。我们都知道诚信很重要，这句话都被讲烂了，一点新鲜感都没有。

那怎么办？**你不妨试试这些小技巧，分别是：讲故事、举例子、打比方、给金句。**

喝口水，休息一下，咱们接着聊。

▬

关于讲故事，有这么一个有趣的故事。

从前，有一个家伙，名叫"真理"。他走在街上，大家都不待见他，因为他老是不穿衣服。"真理"心想，我是真理啊，我是对的呀，为什么大家不待见我？没办法，为了让大家待见他，他只好去隔壁村借了一件衣服穿上。这件衣服，名叫"故事"。

2021 年，我写过一篇关于郑州暴雨的文章，讲了 3 个发生在暴雨 24 小时里的故事。我简单复述一下。

第一个故事是，有一位手持菜刀的年轻人，涉水来到一辆被困在水中的汽车旁。水位一直上涨，漫过了车顶，他拿着刀砸车顶、车窗，最后把里面的孩子救了出来。

第二个故事是，月子中心的一对夫妻，从大水里前后救了七八十个人。后来人们才知道，救人的英雄是名癌症患者。

第三个故事是，一个外卖小哥接了一个"跑腿"订单，解救被大水困在公交车上的老人。

对，"中国人民真是太有爱了"这件事，读者们都知道，不需要我来说。我要做的，是把这三个故事讲好，那么读者自然会感受到河南人民的大爱、全国人民的真善美，以及人们在极端情况下表现出来的爱与坚韧。

但是，想讲好一个故事，光复述是没用的。看完上面的三个故事，你可能内心毫无波澜。

为什么？

因为没有画面感。一个好故事，关键在于细节。

我再举个例子。

"他站起身来，走向战场。"

这就是个陈述句。你不知道这个人为什么走向战场，不知道他此刻是什么心情。你可能只觉得：哦，有个人走过去了。

那我改改。"他把烟头狠狠地丢在了地上，站起身来，走向战场。"

现在，你眼前可能有一点点画面了——这个人怀揣着愤怒、孤勇，要上阵杀敌了。

我看看还能不能再改改。"他抽完了最后一口烟，把烟头狠狠地丢在地上，站起身来，碾了两脚，径直走向了战场。"

这就是一个有细节的画面了——这个人的背后是血海深仇，面前是千军万马。他愤怒，他孤勇，他决绝，他视死如归。

———

如果你能用上一个触达心扉的故事，自然很好。但你可能会说：总有一些复杂的知识点，没办法用故事讲明白；直接抛出一条定义的话，又特别晦涩难懂。怎么办？

这个时候，举例子就是一个不错的小妙招。

2020 年，我写过一篇文章——《到底是什么〈新规〉，暂缓了蚂蚁上市？》。当时我写这篇文章，是想帮助读者理解这么几件事：国家要实行的这项新规，"在单笔联合贷款中，经营网络小额贷款业务的公司出资比例不得低于 30%"，是什么意思？这条新规和蚂蚁集团暂缓上市有什么关系？

如果我只是把这条新规简单地复制粘贴到文章里，读者就只好带着问题来，又带着问题走。

怎么办？我就要给你举个例子，把这件事讲清楚。

假设小张是支付宝的客户，有很高的芝麻信用分，他用 10%

的年息，向蚂蚁集团借了 1 万元。蚂蚁集团找到银行说：我们用科技评估过了，这是好客户，可以借。我们合作吧，我出 1% 的资金，你出 99%；10% 的利息，我们一人一半。

银行一算：你出科技，我出金融。本金 9900 元，利息 500元。5.05% 的收益率，可以。蚂蚁集团一算：我出科技，你出金融。本金 100 元，利息 500 元。500% 的收益率，更可以。两人一拍即合。

但是，新规意见稿规定，蚂蚁集团出资不得低于 30%。这意味着，借给小张的 1 万元中，蚂蚁集团必须自己出超过 3000 元。本金 3000 元，利息 500 元，蚂蚁集团的收益率立刻就从 500%降为 16.67%。

出资比例增加到 30%，意味着收益要降低很多很多。看完这个例子，你就能明白，这项新规为什么会影响到蚂蚁集团的估值。

———

除了讲故事、举例子，写作的时候，你还可以打比方。

"打比方"这事儿挺难的。你得把一件事类比成另外一件事。这就意味着，你得同时窥探两件事的本质。比如说，怎么理解品牌？

不同品牌的打造方式是不一样的。有的品牌喜欢讲故事，有的品牌喜欢玩定价……关于品牌，能延伸出很多很多的话题。那该怎么和读者说清楚品牌到底是个什么东西呢？

我会这样说：品牌就像一个容器，一个很大很大的碗；里面的东西越多，这个容器就越稳。打造品牌的过程中做的各种各样的事，其实是为了往这个容器里放三件东西。第一件叫了解，第二件叫偏好，第三件叫信任。

这就是打比方。你可以把一件抽象的事翻译成一件贴近生活的事。

给金句，相对好理解一些。简单来说，就是给一句听上去朗朗上口，一下子打动人心的话。

在前面提到的写郑州暴雨的文章中，我就用了这样一句话："这个世界上哪有从天而降的英雄，只有平凡人的挺身而出。"后来，这篇文章被大量阅读和转发的时候，这句话就经常被读者点到。

你可能会说，我看过很多金句，也知道金句的重要性，可是，我要怎么写出金句呢？

关于这个问题，我的办法是收集。因为金句是偶得的，就像天赐的宝物一样。在我手机的备忘录里，就有很多收集的金句。

比如说，情绪类的："其实大部分人，都已经见完了彼此的最后一面。""考试过滤掉了学渣，却过滤不掉人渣。"比如说，辩证类的："一流的人才雇用一流的人才，二流的人才雇用三流的人才。""多少的好答案，正在等一个好问题。"

这就是给金句。它能给你的文章画上点睛的一笔。

呼，终于说完了。让我喝口水，喘口气。

佛家说，世上有八万四千种法门。我总结的写作方法，仅仅是供你参考的其中一种。

如果你问我，这么多条写作的方法，最重要的是哪一条。我想，最重要的，应该还是"写"吧。

1994 年，我还在南京读高中，是个不谙世事、头发茂密的小少年。为了告诉同学们都别来找我玩了，我要努力考大学，我写了一篇《我的准遗书》。

后来，这封"遗书"不知怎的刊登在了《中学生报》上。这是我人生中第一次收到稿费，一笔 5 块钱的巨款。

从那时候开始，我就觉得写作真的太有趣了。我就这么一直写，一直写……写到 2006 年，整整 12 年之后，我才写出了第一篇真正意义上的爆款文章——《出租车司机给我上的 MBA 课》。

这篇文章曾经传遍整个互联网，红极一时。今天再回想那段经历，感觉好像在做梦一样——全国各大电视台的编导、记者、摄影师，假装成微软的员工，冲进我的办公室采访，或者就把采访车停在大厦楼下堵截我下班。然后我上了《新闻晨报》头版头条、《新民晚报》二版整版、第一财经《财富人生》、中央电视台《走近科学》……

大量的经济学家、管理学者把这篇文章写入他们的教案。甚至还有无数段子手脑洞大开，把它改编成了《性感女总裁和出租车司机的故事》《一个月入 8 万的小姐给跨国公司高管上的 MBA 课》《一个乞丐给小姐上的课》……

是的，《出租车司机给我上的 MBA 课》——这才是原文。

直到今天，在微博、微信公众号等平台上，还有无数人在转载和改写这篇文章。

2016年，我专程飞到北京。真的是专程，没有任何其他目的，就是为了罗振宇老师的一句话："有件大事和你商量，你来趟北京吧。"

我也不知道为什么，出于信任吧，虽然非常忙，但没问任何具体事宜，就真的飞到了北京。

那一天，我知道，一个叫"得到"的App就要诞生了。罗老师和脱不花邀请我在这个新生的App上写一门商业课程。

是的，就这么愉快地决定了。《5分钟商学院·基础》，很幸运地获得了33万学员的认可，成为总收入超过6000万元的知识产品。

从1994年到今天，从"青涩少年"到"油腻大叔"，从5块钱到6000万元……我还在写，写了整整29年。

有时候，我会突发奇想，看看曾经的那些文章。

猛地发现，《5分钟商学院》是7年前的事，《出租车司机给我上的MBA课》是17年前的事，而《我的准遗书》已经是将近30年前的事了。

也挺好。

接着写吧。

12th
LETTER

和菜头

知名作家，微信公众号"槽边往事"主理人。

代表作：

《槽边往事》

《你不重要，你的喜欢很重要》

主理得到 App 课程：

《槽边往事》

《和菜头·成年人修炼手册》

各位读者朋友：

今天写这封信给各位，是应罗振宇先生的邀请，谈一谈我个人认为最值得推荐的软技能。对我来说，听见"软技能"这三个字，最先蹦出脑海的就是阅读，而且是阅读入门。

看到这里你可能会觉得有些奇怪——识字读书那么多年了，为什么还要讨论这么基础的内容呢？就好像你是一个纵横江湖多年的侠客，我却跑来说让我们聊一聊扎马步这件事。有这个必要吗？

不妨从我的个人经历谈起。在接近二十年的时间里，我不断在网上写文章向人推荐书。为了让读者对某本书产生兴趣，我煞费苦心，想出了各种各样的介绍方法。依照我的想法，人们不是不喜欢阅读，而是需要给阅读找一个理由，而我就是负责找理由的那个人。

这样过去很多年之后，我突然意识到自己在最基础的部分犯了个错。**太多人的问题不是没兴趣阅读，而是根本就读不完一本书**。人们听完推荐之后会去买书，但买来之后通常翻几页就放下了。偶尔有人会断断续续地读下去——我发出一篇书籍介绍文章，在后来三五年内都会收到留言，说"当初买下这本书之后就放在一边，直到现在才看完，发现确实是一本好书，特来表示感谢"云云。

所以，如何提升阅读速度，如何记住主要内容，如何找到一本书的精髓部分——这些都不是人们迫切需要的阅读技能。人们真正需要的是读完一本书的能力，达成人生中的小小个人成就。然后需要很多个这样的成就，在它们的基础上，才有可能形成所谓的个人阅读习惯。有了个人阅读习惯，才需要找寻各种进阶技能。

如果你现在还有点不服气，对自己的阅读能力非常有把握，那么我想问你几个问题，希望你诚实认真地回想一下：

你是不是对特定的几类书非常熟悉，也非常喜欢，阅读这些书你没有任何障碍，甚至兴致盎然，但只要换一个类型、换一种风格的书，你之前那种流畅自如就消失了？书买回家之后，你是不是会怀着极大的兴趣翻开第一章，但连第一小节都没读完就放在一边，再也不想去碰了？你只是擅长读你喜欢的书而已，是这样吧？假设你喜欢历史读物，你大概能很顺畅地读完一本又一本同类的书，但是，换成古文的历史读物大概率就不行了，换成学术一点的历史专著可能也不大行，要是换成艺术类的书，很可能就彻底不行了。

现在你应该猜到我对阅读入门的定义了吧？我的定义是：**除了专业书和教科书，随意挑选一本书，无论是什么主题、哪个类别，你都可以从第一页读到最后一页**。只能读特定类型的书，那是在娇惯自己的胃口。都说读书能开阔眼界，你的偏好却限制了你拓展眼界的可能。你我永远都应该记住这个常识：一本历史书是从历史的角度去解释世界，一本经济学的书是从经济的角度去解释世界；而这个世界如此丰富多彩，怎么可能靠单一角度就完全解释清楚呢？

真正的问题在于，人们开始识字读书之后，很快就养成了自己的阅读偏好，然后在自己喜欢的书籍类型上花费了太多时间；只要换一种类型，沮丧和放弃马上就会到来。因此，如何读完一本书不单是个基础问题，也是一个在人群中普遍存在的问题。

如果你觉得有必要从扎马步开始练习，我这里刚好有一个方法给你。非常简单，就是选取一本你之前读不下去的书，换一种全新的方式去阅读。

你最好先给自己规定一个具体的页数，确定每天要看几页。这个数字我建议在 3～10，太短了没有足够的内容可以阅读，太长了会让你觉得难以坚持。一般情况下，人们喜欢翻开一本书，读到力竭为止。但用这种方法，遇见自己不熟悉的类型，或者稍有难度的书，就很容易产生挫败感。所以，我们先选择一个自己完成起来毫无压力的页数。

接下来，还有一个非常重要的步骤：重复阅读这部分内容，重复次数我也建议在 3～10。这是因为，**阅读的理解和速度都建立在对内容的熟悉程度上**。为什么人们会喜欢读同一类型的书？因为读得越多，阅读速度就越快，理解程度就越深，从中获得的趣味和感悟也就越多。但碰到陌生类型的书时，这种优势就消失了。所以，若是想人为地建立起熟悉感，最简单的方法就是反复阅读。

反复阅读还有一重额外的功效，它能治疗你我在阅读上的自满之心。现在你就可以选本书试一试——在反复阅读的过程中，你会发现，每次你都能看到一些上一次没读到的内容。没错，你觉得自己逐字逐句读完了，每个句子、每个汉字都已经印在脑海里了，但确实就有一些内容在你眼前不断被错过，让你在重读时感到如此新鲜。

与此同时，随着对这一小部分内容的熟悉程度不断上升，你的个人理解力也会提升。原先看似坚固艰涩的内容会逐渐崩解，显露出真实的内容。你开始理解作者的真正用意。而当你对文字非常熟悉之后，你自然会在反复阅读的过程中加入自己的思考，这就是古人所说的"书读百遍，其义自见"。

这种理解是个复利过程。你每天读几页，累积一点理解，这点理解又能运用到后续的阅读中，就像滚雪球一样。等到读完全书，你的理解程度应该已经达到了相当惊人的程度。这也就意味着通过这一本书，你打开了一个类型的书籍的大门；你在选择下一本同类型的书继续拓展眼界时，就远不如读第一本时那么痛苦了。

━━

从头到尾通读一本书，除了作为一种阅读技能值得学习之外，还是未来许多进阶阅读技能的基础。

人们总喜欢问一个问题：在阅读中如何才能做到触类旁通？我的答案是：**所有触类旁通，都藏在那些你不感兴趣的书里**。书的类型总数是惊人的，然而人们面对的世界是同一个，面对的问题也是类似的几个。而所谓触类旁通，就是听听不同的人从不同角度分析同一件事、同一个问题，这会让你收获各种不同的思考方式。你掌握的思考方式越多，把它应用在其他事情上的可能性就越大。到后来，即便碰到两件看似毫无关联的事情，你也马上可以知道它们的解法是一样的，因为它们思考的路径是一致的。反过来，如果你只读自己喜欢的某几个类型的书，你就是在用相同或者类似的手段反复解决同一类问题。都是同类，怎么可能有什么旁通呢？

能读完一本书，尤其是自己不感兴趣、缺乏理解基础的书，这是旁通的前提。人们喜欢越过这个步骤，直接询问具体方法。问题是谁也不能代替谁去阅读，更不能代替谁去体会和领悟。

人们还喜欢问一个问题：如何把一本书读透？我强烈建议你用前面我介绍的方法，找一本你最喜欢的书来重读一遍。我相信，耗费几个月的时间，每天读一点，重复读多次，在完结的那一天，你会发现自己读到了一本全新的书。

这里没有任何神秘学。生活中经常有人坦承：同一本书，在20岁的时候看和40岁的时候看完全是两种感受。只不过那是偶发事件，不是有意识的主动训练。

在我们读完一本书之后，留下的通常是一些感性的印象，记忆最深刻的是那些深深打动自己心灵的部分。多年之后，我们谈及一本书是好书时，指的就是这一点心动。但任何一本书的深度和广度，其实都超越了个人感性所能体会的那一小部分。唯有这种耐心细致的阅读方式，才能摈除感性的影响，通过运转理性领悟到文字背后的力量。一个想法如何构建，一种情绪如何营造，只有通过这种阅读方式才能清晰地看到。

除此之外，我最想提醒你的一点是，我们永远都不应该忘记读书的初衷。

书的确有消遣的功能，也的确有商品的属性，但我们不要忘记任何一本书后面都是一个活生生的人，或者曾经活生生的人。无论他是讲述一个故事，还是阐释一个道理，又或者是讨论某个专题，我们真正需要去看的，是这个人的思考过程。**如果在看完一本爱情小说之后感叹"这也太让人心酸了"，看完一本科普书之后感叹"人类也太聪明了"，那就真的是把书当成了某件商品，在谈用后体验**。事情不应该是这个样子的。如果只有感受，就等于根本没有读书。

雨果的《悲惨世界》值得看的部分是冉·阿让的转变，还有警察沙威之死，这里面都是雨果对社会和人的思考。正因为他有这样的思考，才会给人物安排这般的命运。钱穆的《中国历代政治得失》值得看的不是他点评历史人物的成败，而是他在每一个章节反复运用的分析方法。历代朝堂之上发生过那么多事，他如何将其简化为几条简单的脉络，找到几条简单的标准，这是他思考的结果。如果只是去记住谁是好人，谁是坏人，谁是奸臣，谁人的一生之中并不需要读那么多书，只需要反复读有限的几本好书就够了。

是忠臣，就等于浪费了钱穆的这一番功夫，等于没有看过这本书。换一个历史时代，换一群人再来，我们依然不知道应该如何做分析。

我们生活在现代社会，一切都太快速、太明亮、太嘈杂。在马步扎好之前，人们就已经在追求如何更快地读完一本书，追求一年能读完多少本书了，而这些事根本就和阅读无关。

阅读是一门古老的手艺，核心是读得慢，读得仔细，追求读完一本有一本的收获。我之所以介绍这么愚笨的方法，并非创新，而是向古人致敬。在书籍还很珍贵，数量还很稀少的时代，人们不是读完一本书，而是把一本书吃透，所以才会有那么多关于阅读的箴言。

那些箴言在今天基本上都已经失效了，因为人们不再那么阅读，普遍缺乏从头到尾读完一本书的能力，市场却可以无限量地满足一个人的阅读需求。于是，我们面对的处境是书多到读不完，但我们只阅读其中非常薄的一小片。而且即便是那么一小片，我们也只是浮光掠影地读，满足于"读完"两个字。

有一种说法是对的，人的一生之中并不需要读那么多书，只需要反复读有限的几本好书就够了。这句话怎么理解？我认为它是在说，虽然有那么多书，那么多作者，但是其中真正伟大的并没有多少。如果我们能够读得慢一点，仔细一点，认真理解少数几个伟大灵魂是如何思考的，就足够我们安然横渡人生的苦海，而无须在太多书上耗费太多时间。

我希望你能够先达到阅读入门，能够拿起任何一本书都毫不费力地读下去，并且知道其中最有价值的部分在哪里。在这一天到来之前，请先试着慢慢读完一本书。单凭这种能力，乘以时间的累积效应，十年之后，你就会和周围的人大有不同。

13th
LETTER

自我管理的关键是目标管理

蔡钰

蔡钰

商业观察家，得到高研院前教研长，虎嗅网前联合创始人。

主理得到 App 课程：

《蔡钰·商业参考》

《蔡钰·情绪价值 30 讲》

《蔡钰·批判性思维 15 讲》

这位朋友：

你好，我是蔡钰。

罗振宇老师给我布置了个作业，要我跟你聊聊软技能。

"软技能"这个词我最早就是从他口中听到的。他解释说，软技能是相对硬技能而言的。硬技能是人跟物打交道的能力。比如，跟食材打交道的能力，厨艺；跟代码打交道的能力，编程。而软技能是人跟人打交道的能力，像写作、演讲、沟通、组织，都能帮你提升跟其他人打交道的水平。

这一开始让我有点犯难。在过去两年里，我剥离了身上的管理职能，回归写作者的角色，专心打理得到App上的日更专栏《蔡钰·商业参考》。我每天要写一篇3000字左右的文章，这需要大量时间进行信息摄入、思路梳理和文字输出。

这项工作本身就是反交际、反协作的。我的生活虽不能说与世隔绝，但可以算是"人迹罕至"。这样的生活里，我有什么跟人打交道的经验值得与你分享呢？写作吗？

我快速回忆了一下这两年高强度的写作生涯，发现自己对两件事感受颇深：

第一，写作就是跟信息和文字缠斗。

信息纷至沓来，辞藻也排山倒海而来，如果我有足够强的心智能量，就能跳脱它们的缠绕，反身驾驭它们，把它们编排成我想要的秩序，为我所用。但我只要稍显弱势，就会被它们反攻，我的思绪就会被夺走，表达也就乱了。

战况胶着的时候，我经常想起庄子说列子御风而行。列子当年也是在跟狂乱的空气战斗，把空气整理成"风"这种秩序。四舍五入，我跟列子也算息息相通了一小会儿吧。

第二，想要驾驭信息和文字，得先驾驭好自己。

怎么充电、蓄势，支撑我每天打一仗？怎么时刻提醒自己，坚守自己的表达主线？怎么规划环境、节奏，让写作效率最高？怎么设计信息摄入，让它能支撑写作，但又不至于让我被它淹没？怎么安排休闲、娱乐，让自己的玩心不觉得被亏欠？……

驾驭好自己，我就能把键盘敲得行云流水，省出大把时间去生活，并在生活里攒下更多思考和感受来持续输出。驾驭不好自己，我就会陷入低效的焦虑状态，疲于奔命。和前者相比，这会是一个恶性循环。

想到这里，我突然意识到，我这两年时刻在训练另一种软技能——目标意识，它比写作能力更值得与你讨论。

在这两年的缠斗里，每次快要被思绪和信息攻陷时，我就会问自己：我当下想干吗？此刻在哪里？接下来怎么办？靠着回答这几个问题，找回原定目标，基本就能爬出信息和思绪的漩涡。

目标意识之所以是一项重要的软技能，是因为通过管理目标，我们其实也在管理自己；这种自我管理能力，其实是自己跟自己打交道的能力。而我们自己，恰恰是我们的人生中最长久也最可依赖的队友。**怎样驾驭、管理和照料好这位长期队友，不正是我们最应该训练的能力吗？**

我的工作是观察和记录商业世界的变化。这些年来，我在各路企业家、创业者和投资人身上看到的最重要的能力之一，正是自我管理的能力。管理人生规划、管理精力、管理时间、管理健康、管理情绪和意志……

十多年前，我采访福耀玻璃的董事长曹德旺，那次不是跟他聊商业和产业，而是聊他的公益慈善事业，聊着聊着，他就谈起了自己的生活习惯。

曹德旺说，他每天晚上都在固定时间关灯睡觉，但躺下不会让自己立刻睡着，而是会先闭眼回想一整天的待人接物过程，回忆对方做了、说了什么，自己是如何反应的；自己做了、说了什么，对方又是如何反应的。如果回想起对方或者自己有不舒服的环节，就要去想怎样改进。大概花个半小时，复盘完后才能安心睡去。之后再遇到类似的情况，他应对起来就会一次比一次得当。

中国有句老话叫"做事先做人"，曹德旺这睡前半小时就是在自我管理、迭代自己的"做人之道"。

当时，互联网思维还没有流行起来，"迭代"这个词也不常见。但是曹德旺这个故事却成了我记忆中跟"迭代"相关度最高的故事。你想想那个画面：一位传统制造业出身的企业家，用一天一个版本的速度来迭代自己。躺下去时版本号还是 60.361，坐起来时就已经是 60.362，充满了科幻感。他和绝大多数人的差距，就是这样在几十年如一日的"睡前半小时"里拉开的。

那反过来想，如果今天一个年轻人照搬曹德旺这套自我管理方法，坚持 5 年，甚至 10 年，他是不是也有足够大的概率能跟同龄人拉开差距？

如果把目标再聚焦一点——假设你想做的事情是谋求升职、创业、写论文、早睡、减肥，或者学习其他任何一种硬技能或软技能，**在投身这些任务之前，先做好自我管理，是不是就在给任务本身降本增效？你的自我管理水平越高，是不是就越能心无旁骛地创业、专心致志地写论文、铁石心肠地睡去、不厌其烦地运动、势如破竹地背单词？**

所以，自我管理能力是每个人的基础能力，而且它不是某种单一能力——管理自我既包括管理目标、管理注意力、管理健康，也包括自我激励、自我安抚、自我取悦……我认为其中最基础的就是管理目标，让自己有清晰的目标意识。

什么叫目标意识？就是确定自己的目标，并随时根据目标来决定当下的行动。目标意识能帮你从繁杂的信息和思绪里挣脱出来，也能帮你始终牵住人生的主线。

前面讲自我管理的时候，我为你介绍了来自传统制造业，却能以互联网思维里的"迭代"要求自己的企业家曹德旺。而关于目标意识，我想为你介绍的则是"互联网思维的鼻祖"雷军。

雷军创办的小米是一家很有意思的公司。它做手机起家，到今天变成了一个"数码产品＋快销品"的阵列品牌，在中国市场上拥有奇特的民心。小米生态体系内的产品，无论是小手机还是大电视，无论是插线板还是净水器，在人们的印象里都是高性价比的均质化产品。如果你需要一个，又懒得选择，通常认为买小米生态体系里的产品就不会出错——它价格大抵公道，品质也及格。

小米是怎么攒下这样一套品牌印象的呢？我认为，创始人雷军的目标意识起到了非常大的作用。

雷军的目标意识也分两步：

第一，确定目标。

雷军想要证明，互联网思维可以帮助传统制造业进行效率革命，让大众享受高性价比的产品。他的这套互联网思维你肯定听过，就是"专注、极致、口碑、快"。

第二，基于这个目标投身行动，创办小米公司。

我从小米的发展史中找到了几个充满细节的故事，它们都是雷军强大的目标意识的佐证。

━━

第一个故事叫"9轮面试"。

2011年，有个北大毕业生想在毕业前找一份实习工作。他在网上搜到一家小公司，挺喜欢，投了简历。这家公司就是小米，当时成立未满一年。

小米很快给了这个毕业生回应，邀请他来面试。结果公司里的各路人马总共面试了他9轮。在最后一次面试时，他跟人聊了半小时，突然有人推门进来。他一看，雷军。

经过 9 轮面试后，这个毕业生加入了小米，实习半年后离开。又过了几年，他自己创业，专门去找雷军的顺为资本谈融资。这个曾经的小米实习生特别激动地跟雷军讲了当年 9 轮面试的故事，说自己当时觉得很不可思议：招一个实习生而已，小米竟然面试了他 9 轮，而且面试官里还包括两位联合创始人，这也太认真、太严格了。

雷军后来回忆这段历史，说 9 轮面试根本不算多的。小米当时看中一个工程师，核心团队跟对方谈了 17 次。其中雷军自己就跟他谈了 10 次，好几次都是一谈就十几个小时。

为什么要谈这么多次？雷军说，因为当时小米想做的事情很难，人才光能干是不够的。能不能干，面试一两次就能判断出来了；但责任心是不是到位、愿景是不是互相认同，需要反复接触才能确认。

你看，这就是雷军的目标意识在发挥作用。他很清楚，"好不好"跟"适不适合"是两个问题。"好不好"是在判断客观优劣，"适不适合"是在判断对方是不是真的能跟小米匹配。

第二个故事叫"顶配供应链"。

小米想做平价好手机，就得把产能搞定。

当时，苹果手机已经替所有手机厂商蹚了路，把最优质的供应商都拉进苹果供应链里了。于是，小米作为一个硬件外行，制定了一条不会出错的策略：非苹果供应链不用，连螺丝钉都从苹果供应商那里采购。

但当时的小米是一家毫无历史信誉的小公司。据说小米去找夏普谈定制手机屏幕的事，对方根本不搭理小米。

那能不能退而求其次，先在国内找个二线厂商做着呢？不能。虽然二线厂商里也可能藏有扫地僧式的高手，但以小米当时对硬件行业的理解，根本没有能力去做一流的筛选和沟通。真要这里妥协一步、那里妥协一步，最后出来的手机跟山寨机不会有什么区别。

小米决定守住"最好手机"这个目标。雷军不仅动员所有关系联系夏普，还在 2011 年日本"3·11"大地震之后动身前往夏普位于大阪的总部拜访谈判，最后终于用诚意打动对方，达成了合作。

类似的行动是小米创业初期的常态。它在初期磕所有供应商的时候，都付出了远超正常市场价格的代价。

第三个故事叫"稻草和金条"。

2015 年，小米遇到业务困境，没能达成销售目标，引发了产业链伙伴的疑虑。为了破局，有人给雷军推荐了一位半导体行业的牛人。这位牛人接手上一家公司短短 4 年，就把营收从 900 万美元做到了 4 亿美元。牛人在跟雷军面谈的时候，也重点渲染了自己"把稻草卖成金条"的营销能力。

但这话让雷军越听心越凉，没谈完就意识到这个人不适合小米。

你可能想问，这么狂放的营销能力，不是正好可以带着小米走出销售困境吗？确实能让小米走出困境，但这偏离了小米的目标和主线。

小米讲求的是"和用户做朋友"。跟朋友做生意，要讲求感动人心、价格厚道。如果把稻草当成金条卖给对方，那就没有朋友可做了。

就算不把用户当朋友，不也能做起一摊生意吗？确实能另起一摊赚钱的生意。但这就像在做小米粥的半路上，请来一位鲁菜大师当援手，转身做起了葱烧海参。

葱烧海参当然也能卖，也能挣钱。雷军如果身份是投资人，没准儿会同意这个转型，因为投资人的目标是"用投资收益证明自己的判断力"。

但这不是雷军当时的目标。雷军创办小米之前，做过金山软件 CEO，当过天使投资人，早已经财务自由了。如果他只是想挣钱，继续做投资就行了。他做小米的初心，前面说了，是证明互联网思维可以改造传统制造业，而证明这种改造可行性的关键标准，就是让大众享受到高性价比的商品。

"小米粥店"要是半途改道做葱烧海参，也许确实能走出当时的困境，但"让大众喝上小米粥"这个目标就失守了。

小米失守了吗？没有。它不仅从 2010 年以来的智能手机竞争大潮中存活了下来，还走出了 2015 年的业务困境。到今天，它已经是全球智能手机出货量排名前三的手机品牌了。小米生态体系里的其他产品也都享有跟小米手机类似的品牌印象。放在年入十万元和年入千万元的家庭里，这些产品似乎都能适配；买起来不操心，看起来既不奢华也不寒碜，用起来还不心疼。

这正是雷军一开始想要证明的，互联网思维可以改造传统制造业，在不减损品质的前提下，让大众享受到高性价比商品。

———

我们放过小米，说回自己。

目标意识只在重大事业上和危急关头有用吗？不是。目标意识不是要求你只做目标主线上的事，而是提醒你在遇到非主线的事件时，应该思考什么样的选择和应对能跟人生主线协同，或者对主线的损耗最小。

比如，你认为扩展信息量对生活很重要，那在找"电子榨菜"来消磨午餐时，你是选择看了 5 遍的《甄嬛传》还是一部新片？你的价值取向这时会跳出来告诉你，选择新片。而如果你是为了获得某种确定的情绪体验，那么在相同的情境下，你当然会选择《甄嬛传》。

目标意识是要求我们只能干正事、进行苦修式的自我约束吗？也不是。它其实是希望你先想明白自己到底需要什么、想要什么，然后再做决策和行动。

比如，高溢价产品都是智商税吗？如果你很清楚你要支付何种对价、购买何种愉悦——省心、限量的独特性、自我犒赏或身份标签——高溢价产品就不是智商税。那些投入大量时间和精力去辨识并排除智商税产品的消费者，买的不也是"我比别人精明"的愉悦感吗？

　　目标意识通往人间清醒。它能帮你拦截大量噪音、节约非必要行为、获得坚定的快乐。

　　大道理说了这么多，我自己的目标意识修炼过程其实仍然磕磕碰碰。所以这封信号称是写给你的，其实也是在勉励我自己。

　　那就祝我们都在目标意识的修炼上小有所成吧！

14th
LETTER

玩数据

刘嘉

刘嘉

南京大学软件学院副教授、博士生导师，智能软件工程实验室副主任。致力于融合概率论、博弈论、系统工程等方法推进群体智能，研究成果在华为、百度、阿里巴巴等一流企业得到应用。

代表作：

《刘嘉概率论通识讲义》

主理得到 App 课程：

《刘嘉·统计学 20 讲》

《刘嘉·概率论 22 讲》

亲爱的读者：

见信好。

我叫刘嘉，是你们印象中的那种纯理工男、技术宅。我本科学的是数学，博士学的是系统工程，曾经做过七八年"码农"，现在在南京大学软件学院当老师，研究方向是人工智能和大数据。

日常工作中，我需要运用概率统计的基础知识，以及机器学习、深度学习等人工智能算法，通过一则又一则复杂的公式、一次又一次烦琐的计算，从大数据的海洋中萃取价值、获得认知、解决问题。

我相信很多理工科的学生应该和我一样，和电脑打交道的时间远远超过和人打交道的时间。像我们这样以某项硬技能为生的人，有必要提升自己的软技能吗？

我的答案是，很有必要。下面我就以目标管理和学习能力为例，带你看看这两项软技能是怎么为理工科学生的工作赋能的。

2022 年，有一则新闻在全网引发了热烈讨论，就是"新国标红绿灯标准出台"。这款新方案中有三组红绿灯，对应三个方向，同时取消了红绿灯的读秒倒计时。很多网友吐槽这种"九宫格"的设计过于复杂，也有人对取消红绿灯的读秒倒计时提出质疑。后来是公安部发公告说：你们都搞错了，这不是新方案；"九宫格"只是红绿灯特殊组合的一种，仅适用于极少数复杂路口。

虽然"新国标红绿灯标准出台"是误读，但假设你是公安部交通管理科学研究所的研究人员，或者第三方咨询机构的数据工程师，你会怎么看待网络上对红绿灯新旧方案的讨论呢？

你肯定不能依据自己的喜好，拍脑袋下结论。你得有依据，依据就是数据，下结论得靠数据分析。

具体怎么做？是去抽样调查，听听大众对新旧红绿灯方案的意见？或者是去咨询专家，听听他们的意见？又或者是去调研一线交警的感受？

都不是。**这个讨论里，专家说了不算，大众吐槽也不算，一线交警的感受也不重要。真正决定红绿灯方案好坏的，是十字路口通过的效率，以及交通事故率。**

好，一旦明确红绿灯改版的目标是提高十字路口的通过效率、降低交通事故率，你就知道接下来该怎么做了——随机对照试验啊，随机选几个路口，部署新版红绿灯，比较在旧版和新版红绿灯下，通过效率和事故率的变化，再进行相关性检验。

如果新版红绿灯确实能提高通过效率、降低交通事故率，那么要不要全面实行新标准呢？这时候，问题的目标就变成提高投资回报率了——缓解交通拥挤、减少交通事故带来的收益，能不能覆盖更换全部红绿灯的成本？是不是只更换重点路口的红绿灯产生的效益更高？那么应该选哪些路口呢？……

你发现了吗？在数据分析看似"硬核"的工作里，目标管理这项软技能起到了非常重要的作用。**没有正确的目标，你会再多硬技能，也只能是在错误的道路上越走越远。**

━━

在职业生涯一开始，你通常只是负责执行某项具体的任务。比如，公司要计算复购率，你就要按照部门提出的要求采集数据、进行计算、出报表。但如果你已经成长为一名资深数据工程师，你最核心的工作就不是采集数据、进行计算，也不是出报表了，而应该是选择正确的数据指标。

所以，在计算复购率之前，你至少要问自己两个问题。

第一，复购率是不是公司、部门或者你最重要的目标？

在不同发展时期，公司、部门追求的目标是不一样的。比如在开拓市场时期，提高流量和转化率是核心指标，因为要吸引更多新用户嘛。同理，不同类型的公司，追求的目标也是不一样的。比如，如果公司是卖婚纱的，提高复购率就不现实，总不能指望客户们不停地结婚吧？所以你要考虑，从公司当前的发展情况看，复购率是不是你应该追求的指标。

第二，如果这是你应该追求的指标，复购率定在多少才是足够好的？

所有工作都要有明确的可量化的目标，那么现阶段复购率达到多少才是一个好目标呢？20%、50%，还是80%？这就和公司、产品的类型密切相关。比如，在垂直电商和综合电商之间，在低频产品和高频产品之间，复购率的差异会非常大。

这两个问题直接决定了你的工作方向和工作成果。在整个数据分析行业，目标管理的产物经常被称为第一关键指标，或者目标函数。**在人工智能领域，那些首席数据科学家最主要的任务就是构建一个当下最合适的目标函数。**有了目标函数，整家公司或者整个数据部门才能开始业务优化，才能通过数据指导决策。

今天我们都在讨论数字化，而数字化本质上就是从现实世界到数字的一种映射。我认为拨开现实世界问题迷雾的，不是概率，不是统计，不是公式，也不是计算，而是目标管理这项软技能，它搭建起了从现实问题到概率统计的桥梁。

━━

在找到核心目标后，影响数据分析质量优劣的，是你的学习能力。

这里说的学习能力，不仅仅是要掌握本领域、本行业的知识；事实上，职场中判断一个人是优秀还是卓越的一项很重要的标准，是对常识和逻辑的学习、应用。

举个例子。20世纪90年代，有一种"抚触疗法"，号称能通过控制人的能量场来治疗疾病。具体做法是，治疗师将手悬停在患者身体上方，然后闭上眼睛，发力，让能量从手掌喷涌而出，从而缓解患者的不良症状。

这在当时引起了很大的争议。如果你是一名研究者，你会怎么证明这种"运转能量"的治疗方法是一场骗局呢？

如果你能想到大规模的医学试验，说明你非常专业——大规模的随机对照试验可以说是解决这类问题的唯一手段。但问题在于，要招募数百名志愿者，对他们进行随机对照试验，再比较结果，工程量非常大。更重要的是，治疗中的几项指标，比如精力提升、情绪变化等，评价的主观性很强，那么，你要如何设计试验方案，来剔除安慰剂效应造成的影响呢？

这个看似烦琐的问题，被一个 9 岁的女孩艾米丽解决了——还在读小学四年级的她通过一个小试验，揭穿了"抚触疗法"的骗局。两年后，11 岁的艾米丽在著名医学期刊《美国医学会杂志》上发表了她的成果论文，继而她被吉尼斯世界纪录认定为在医学期刊上发表论文的最年轻的人。

艾米丽没有找接受过"抚触疗法"的治疗对象，相反，她在两年间找到了 21 名声称掌握"抚触疗法"的治疗师，并发起了一项试验。

首先，艾米丽用竖立的纸板将自己和那些治疗师隔开，保证彼此谁也看不见谁。其次，纸板上有两个小洞，治疗师的左右手要分别盖在洞口。然后，艾米丽会通过抛硬币的方式，决定把自己的手放在医生的左手或者右手上方，并与其保持一个固定距离，让医生感知自己的能量场是来自左手上方还是右手上方。

是不是很简单？这 21 个人通过 280 场独立测试来感知艾米丽的能量场，结果正确率只有 44%，和瞎猜的随机波动相似。

艾米丽在这起试验中使用的专业知识，随机对照、简单抽样、双盲等，学过数据分析的人应该都知道。但它们都不是关键，试验的关键其实是一条简单的逻辑推理：如果治疗师连病人的能量场都感知不到，就不要谈控制和治疗了。

《美国医学会杂志》评论，他们被这起试验的简单性、结果的清晰性迷住了。这就是对常识和逻辑的灵活应用。

基于常识和逻辑的数据分析，在我们的工作中其实很常见。比如，淘宝当初评价商家信用，用到的相关性最好的指标之一，不是很多人以为的好评率，而是旺旺的活跃度。你想想，一个人如果对自己的客户有问必答，不厌其烦地处理每一笔交易，那他的还款意愿和还款能力就没有理由比其他人低。

再比如，美国一家数据分析公司分析大型超市和商场在某季度的销售收入时，没有采用大规模调查的方式，去看上下游供应链数据、仓储或信用卡消费记录之类的，而是去看停车场的卫星数据。原因很简单，在美国这种"住在车上"的社会，通过停车场的卫星数据，看看商场停车数量的变化，就能推断出大型超市和商场的经营状况。

你可以看到，通过对常识和逻辑的学习、应用，提升自己的洞察力，也能在自己的专业领域做到四两拨千斤。

以上就是我对目标管理和学习能力这两项软技能的理解和分享。没错，让数据工程师之间拉开差距的，不仅仅包括对统计方法的掌握程度，还包括他们软技能的实力差异。毫不夸张地说，真正决定一名数据工程师能走多远、走多高的，是他的软技能。

不仅仅是数据分析行业，绝大多数工作都是如此。很多时候，软技能本身就是复杂问题的解决方案。

　　无论是哪一种硬技能，都有大学专业教育、职业教育等多层次的培养路径，也有各类专业书可以学习。而软技能呢？

　　欢迎来得到 App 学习软技能，让软技能给你的职业生涯，乃至美好生活赋能。

15th
LETTER

第十五封信

若要改变，先"做实验"

李松蔚

李松蔚

北京大学临床心理学博士，中国心理卫生协会家庭治疗学组委员；自由执业心理咨询师，拥有 1 万小时心理咨询和治疗经验。

代表作：
《5% 的改变》
《难道一切都是我的错吗？》

主理得到 App 课程：
《李松蔚·心理学通识》
《跟李松蔚学心理咨询》

亲爱的读者朋友：

见字如面。

信的开始，我想跟你分享我在公众号"李松蔚"上做的一个小尝试。

我是一名心理咨询师。我的很多读者会把自己生活中的一些困惑写成问题发给我，希望得到我的解答。

如果你对心理咨询师的工作有一定的了解，你应该知道，心理咨询师能提供的回答，只是一些你已经听过的大道理，也就是所谓正确的废话，而不是能一针见血解决问题的秘方。

生活中遭遇困惑，真正的挑战其实在于我们是否可以改变自己。道理讲得再好，它又不是我的，我没法真的按照那样一种方式去生活。

所以我想，如果要帮助这些提问的人，必须让他们在接下来的时间里做点什么，尝试一些不一样的东西，体会不一样的自己。

于是，我做了一个实验：**给这些提问的人回信，讲我对他们问题的理解，然后再布置一个任务，请他们在未来一周采取一些行动，并回信告诉我行动之后发生了什么变化**。既然是实验，我也接受没有变化，甚至他们根本没有完成任务也是实验的一种结果。幸运的是，大部分来信者都反馈了积极的改变。我把其中一部分案例整理成了一本书，叫《5%的改变》。意思是，你的一个小行动，也许会带来一个大不一样的自己。

很多人问我：这些行动是怎么设计出来的？**这就是我作为心理咨询师的一项软技能——我先看到一个人的问题是怎么重复的，再请他做点不一样的事；这一点点的不一样就会打破他的惯性，让他获得新的体验，对自己的问题产生不一样的理解。**这种理解不是道理层面的，而是由新的自我觉察带来的，它会变成这个人自己的思考、感悟和行动。

我的这项软技能可以概括为一句话：拿自己做个实验。我认为用这种方式改变一个人能起到事半功倍的效果。接下来，我就把其中的几个要点分享给你。

第一点叫作主动性。拿自己做实验，这是一个任务。布置给对方，是要他主动去"做"的。只有主动，他才会有参与意识，有掌控感。

想想看，你在生活中听多少人说过这句话："我也不知道怎么回事，就像着了魔一样。"这是失控的感觉，他觉得"身不由己"。你在这种情况下给他提建议，建议再好也没有用——他并不认为自己有能力控制自己。

曾经有一个女生向我提问，说她控制不住自己暴饮暴食。在她希望通过节食来改变体形的时候，暴饮暴食这种行为就会"自动"找上门来。她对此非常沮丧，也更加厌恶自己了。可她为什么控制不住暴饮暴食呢？正是因为她强烈的自我厌恶情绪。在心理学中，这叫"情绪性进食"，吃东西对她来说是调节情绪的工具；情绪越强，就越难以克制对进食的渴望。你看，本来想自控，反而带来了进一步的失控，这是一个恶性循环。

所以，虽然她想要的建议是怎样让自己少吃一点，但如果我真的往这方面设计任务，结果只会重复她往日的循环。所以我把任务的方向变了：我请她在下一周什么都不用改变，继续保持暴饮暴食的状态，只是把其中一次暴饮暴食换成"主动"的。也就是说，她可以想吃多少就吃多少，只是其中一顿饭要精心策划一下，挑一个她喜欢的日子——可能是周五，叫上三五好友，大家一起吃好吃的，把自己吃撑。吃到什么程度呢？她说每次暴饮暴食都会吃到十二分饱，我就请她这次也主动吃到十二分饱。

你可能会想，这有什么用呢？这跟她平时的状态一模一样，一点都没少吃啊？不是的，变化就在于她有了一点主动性。她平时暴饮暴食完全是情绪崩溃之后的失控，完全是被动的。但这一次是她精心策划的，在喜欢的场合，跟喜欢的人在一起进食。

一周后，她给我回信："李老师，我尝试做了，但没有做到，因为我甚至都不知道自己喜欢吃什么，我需要一些时间想一想。"——你发现了吗？她开始获得新的体验了：她吃过那么多东西，却从来没想过自己喜欢吃什么！因为在她过去的经验里，吃东西是一个被动触发的"问题"；当她尝试主动去做时，她就开始从另一种角度感受食物对自己的意义了。

虽然她没有成功完成这次策划，但她说在那一周感到自己的暴饮暴食状态有了一些松动；吃东西的时候也没有过去那种特别强烈的罪恶感了。

几周后，她又来了一封信，说她终于做到了：她策划了一次暴饮暴食的活动，吃得很爽。而这周其他时间，原来强烈的进食欲望消失了。她对自己还有了一些新的感受，比如她开始更喜欢自己了——就算保持微胖的身材，也可以把自己打扮得漂亮点。

你看，一点小小的主动性，就可以带来这么大的变化。

讲完主动性，我们再来说第二点，这个实验的内容是什么？

很简单，在一个人过去生活的基础上，加入一点非常微小的变化，而且这点变化必须是他有能力做到的。

"有能力做到"，这好像是一句废话，但如果我们太关注"变化"，就经常会把"他有没有能力做到"这个问题忘掉。比如，一个人想健身却始终启动不了，你请他下周去一次健身房，做20分钟热身，那他多半不会去。

这不是他的问题，是你给的任务不对——他本来就没有这个能力。你说："20分钟热身而已，有什么难的？"那只是对你不难，对他来说，他过去的问题就是没办法启动，怎么可能因为你的一个任务就平白无故地解决呢？

"变化"和"有能力做到"，这是一对需要权衡的矛盾。原样重复过去的生活，就没有实验的意义；但假如你要求的变化超出了过去的框架，无论当事人有多么想完成这件事，那都只能是一个不切实际的幻影。

所以，要去探索那个"刚刚好"的尺度，有时还需要开一点脑洞。对于前面那个健身困难的人，我会建议他下周给自己定一段"打算用来健身"的时间，但不用真的去；只要定一个闹铃提醒自己，闹铃响了就关掉，还是可以躺在沙发上，只是在心里说一声：这是我的健身时间。这样的任务，我基本上有把握他能做到——因为除了"闹铃"这一点点变化，其他一切都跟他过去的生活没有差别。

同样，有人给我写信，说他总是控制不住对孩子发火，想尝试控制自己的情绪。如果我回复他，你就控制一下情绪呗，那我就把前面说的"变化"和"有能力做到"这对矛盾抛弃了——要是能控制住，还来问我干吗？

我对他说的是，实在控制不住就算了，但是每次发完火之后，你要做一件力所能及的事补偿一下，比如向孩子道个歉，说我不是有意伤害你的，是我的情绪有问题，非常抱歉。这样，孩子至少知道这件事不是他一个人的错，感受到的恐惧也会少一点。

这就是一个变化：如果做不到控制脾气，发完火之后补救一下总可以吧？有人说，我觉得道歉也有点难，张不开口。好，那就再简单点：什么话都不用说，给孩子倒一杯水。并且提前跟孩子说好：我表达歉意的方式就是倒杯水。这件事虽然很小，但它也是一个新的变化。

这么小的变化，真的能解决问题吗？千万别忘了，我们的目标从来不是解决问题，而是做个实验。这是我要讲的第三点：这件事有没有结果不重要，"做"的过程本身更重要。只要在行动，这个过程中就会有新的体验产生。

———

关于这一点，我有一个特别有趣的案例。

一个年轻人给我写信，说她在家待了大半年，迟迟不写简历找工作。她每天都想动笔，但因为实在太焦虑了，一个字也写不出来。简历虽然不需要多少字，但写出来是要交给别人去评判的，所以特别容易让人有压力。

我给了她一个建议：不用真的追求简历的结果，只要写就可以了，每天只写半个小时，到点就停。

怎么保证"不追求结果"呢？很简单，请她每天都把当天写完的东西删掉。对，就是让自己体验一下"在写"的感觉，写成什么样都没关系，反正都是要删掉的嘛——这样就不用承担写完之后（被评判）的压力了。

她开始尝试。头几天还有点勉强，写到后来写顺手了，半个小时都打不住，忍不住要延长时间，把手上这段写完再停。唯一的问题是她删的时候有点舍不得，觉得自己好不容易写了这么一段，无论质量如何，都不想删掉。最后她想了一个"作弊"的方法：删除，但是不清空回收站。

她就这样坚持了七天，每天写一个片段。七天之后，她把回收站里的文件找回来，拼成了一份完整的简历。

你看这是不是很好玩？她写简历，不用真的为了"得到"一份简历的结果，而是体验"写"的过程；哪怕看上去成果为零，这个过程也能让她发生改变。

通过行动获得新的体验，这常常是现代人的一个盲区。我们算得太清楚了："有啥效果？""成功概率有多大？""性价比高不高？""万一失败了怎么办？"这些都是大脑层面的思考。我们习惯了用"思考"解决问题，读书、查资料、听课……希望这样就可以给自己的问题找到一个答案。

实际上，我们也可能是在用"思考"的方式逃避问题。比起直接面对问题，坐下来慢慢地思考、分析、推理，用大脑模拟问题的解决过程，是安全的、无痛的。**我们害怕跟真实的问题短兵相接，于是把大量的时间、精力花费在一个无痛且安全的过程中。而当你真正投身行动时，你会收获完全不一样的感觉——可能是兴奋，也可能是挫败。但有一点是确定的：在行动的过程中，每一点新的感触，都会让你对自己多一点认识。**

在这些任务中，行动不是为了有结果，它就是你用来探索自己的一个实验。

对，我认为实验是没有所谓成功或者失败一说的，无论什么结果都是好结果，都增进了我们对这个世界的认识。同样，通过这些小小的任务，你也会增进对自己的了解。你可以带着这种态度，把每一次行动都当成一次自我探索，而不见得非要得到什么结果。

好了，我的秘诀就分享到这里，简单做个总结。要通过一个小小的任务促进自我改变，这个动作有三个特点：第一，必须是"主动"做出来的；第二，要有一点微小的变化，而且这个变化行动不是为了有结果，它就是你用来探索自己的一个实验。

是当事人有能力做到的；第三，不要片面地追求结果，而要去体会"做"的过程，增进对自己的认识。

　　最后，咱们趁热打铁，来做道题：

　　前不久，我收到一封来信，一个读者说她在准备考研，每天要复习的内容有很多，但她状态时好时坏。好的时候能一连学习六七个小时，但最多坚持几天就会很疲惫，接下来又变成了每天浪费时间。

　　如果她想尝试改变，你会建议她怎么做呢？

　　你可能会说，我要安排一个实验：第一，让她在完成的过程中有主动性，有可控感；第二，跟她过去的生活有一点区别，她又有能力做到——所以不能是让她每天坚持学习多长时间，因为她明确表达过自己并没有把握坚持下去；第三，因为她认为自己是一个缺乏自律的人，所以要让她在完成这个任务的同时，增进对自律的认识。

　　我说说我的想法。

　　我想请她定一个雷打不动的"下班时间"，比如每天下午三点。到点她可以玩手机、看剧、见朋友、做家务，甚至发呆、自责……什么都可以，就是不能学习。

　　你可以算算，她状态好的时候，从早上起床到下午三点，可以有六七个小时的学习时长；如果不小心把上午的时间浪费了，到点后也必须休息。这个任务她是有能力完成的，因为跟她过去的节奏没什么显著差异。同时，这个任务带来的体验又会跟以往有细微的差别，因为她要在特定时间"主动"限制自己不学习。如果成功坚持下去了，她就会从另一个角度体验到"自律"；如果做不到也很好，因为那说明她控制不住自己对学习的渴望。无论结果如何，她身上都发生了一点小小的变化。

　　这是我想到的一种方法。你还有什么别的建议吗？不妨再想想看。

16th
LETTER

领导团队，需要什么软技能

李希贵

李希贵

著名教育家，北京第一实验学校校长，中国教育学会副
会长，新学校研究会会长。

代表作：

《学校制度改进》

《学校如何运转》

《为了自由呼吸的教育》

《面向个体的教育》

《家庭教育指南》

《重新定义学校》

亲爱的读者：

愿你近来一切安好。

我写这封信给你，是应罗振宇老师的邀请，来和你聊一聊领导者的软技能。

一个刚刚走上领导岗位的人，总是躲不开这样的难题——手上明明有十几个人、七八条"枪"了，但不少员工缺乏工作激情，一味被动应付，没有权力的威慑，就以为领导软弱可欺；而许多新生代员工对权力并不买账，这又使领导不敢过于依赖管理；而且，上下关系、外部环境都不尽如人意。身为领导者的你并没有感受到成就感，还常常陷于苦恼之中。

过去，我总认为此事可以无师自通。近年来，作为一个有着四十年管理经验的过来人，我开始有了一些反思。我从自己的成功经验和失败教训中抽取出了一些可以嫁接、迁移的知识，也许可以给管理学理论做一些注脚，从而能够帮助在领导者的岗位上陷入困境的青年人。

如果你刚进入职场，觉得领导者的困境离自己很远，请别着急翻页——那个身为领导者的"你"正在前方等待着，带走信里的方法、知识和经验，也许你就可以先人一步抵达它。

（未来的）领导者，准备好了吗？我最先想告诉你的是一个简单的事实：无论是学校教育、家庭教育还是社会教育，很大程度上都在解决同一个问题，就是关系——人与社会、人与自然、人与历史、人与未来，当然还包括人与自身的关系。既然我们愿意在关系的培养上花费如此心血，也从另一个角度说明了它在未来社会中的地位。正如马克思所言，人的本质是一切社会关系的总和。

说到这里，你可能已经明白了我的意思：**如果让我用一句话来概括领导者最为重要的软技能，那就是构建关系、调整关系和管理关系的能力**。接下来你需要用心用力的地方，就在这里。

一谈到关系，你可能首先想到的是人际关系，这当然最为关键。

早在 2001 年，加拿大著名学者迈克尔·富兰就说过，"领导必须是完美的关系构建者，可以与不同的人和群体构建良好的关系"。当然，富兰这句话我们只能信半句，因为我们不可能也没有必要成为"完美的"关系构建者，但是"与不同的人和群体构建良好的关系"的确是一位领导者必备的能力。

由于世俗文化将"关系"这个词玷污了，因而我们经常对此左右为难。一方面，我们很排斥它；另一方面，在现实生活中，我们又离不了它。其实，无论查阅哪一部词典，"关系"都是一个中性的词条，意思是人和人或人和事物之间相互作用、相互影响的状态。用不着向任何人求证，我们内心对此都十分了然。我们排斥它，主要是因为现实生活中许多人在用它谋私利，甚至用它做一些见不得人的勾当。

那好，只要把握好这一点就够了：不要用关系去干那些你看不起的事情。构建关系，经营关系，为你认为值得追求的目标整合资源、集聚力量，这是一件很高尚的事情，值得你去做，甚至要有谋划地去做。

人际关系的构建方法当然不可胜数，在这里，我只想告诉你一个我一直在使用的工具，就是马斯洛的需求层次模型。

图 16-1 马斯洛需求层次模型

关心对方的个人需求，永远是与其建立良好关系最有效的途径。因此，我建议你打印一些马斯洛的需求层次模型，你近期面对的每一位关键人物都要有专属的一张。在这个呈金字塔状的模型上，你要定期研究那些关键人物不同的需求，在生理的、安全的、归属的、被尊重的和自我实现的 5 个层次的需求中，找到某一位关键人物最迫切或最重要的需求。

这下你就明白了，为什么有些员工特别喜欢你送给他们的专业书，因为他们最重要的渴求是专业成长，有的是希望突破自己的学术高原期，有的则是希望在组织中快速成长以站稳脚跟。为什么有些员工对你送的专业书没有那么如饥似渴，因为他们有人正在为自己的爱人找不到工作而焦虑，有人妈妈大病初愈，拖欠的住院费是他当下的心病。当然，有些员工则有"需求并发症"，一方面，他们有很多最基本的生理和安全需求，还在为房子、孩子的事揪心；另一方面，他们已经有一定的学术地位，但还在为缺少自我实现的平台而踌躇彷徨。

你没有三头六臂，更没有神来之手，**你不可能满足他们所有的需求，请注意，他们压根儿就没有这样的苛求。你只要尽自己和组织所能，竭尽全力就够了。**但你必须把每一位关键人物的那张"需求金字塔"装在大脑里，因为许多今天不能办或办不了的事情，说不定明天就能办了；到那时候如果你忘了，后果就会不堪设想，毕竟对方是永远不会忘的。而且，每个人的需求都会时移世易，他们的"需求金字塔"不会像埃及金字塔那样亘古不变。

当然，你不可能在短期内做那么多满足对方需求的大事，大部分时间里，还需要采用一些"短、平、快"的方式。比如，找一找你与对方的共同爱好。不要以为娴熟的艺术或体育技能才算爱好，其实都喜欢哈耶克、凯恩斯也算，都崇拜科比或热爱阿那亚小镇，都愿意喝生普洱或穿七分裤，这些都算。

对一般人而言，这些只是普通爱好；但对你来说，它们有着别样的意义，因为它们已经演变为对方的归属感、被尊重甚至自我实现的需求，通过你的关系构建，对方会在自己身上贴上一个新的价值标签，从而和你产生不一样的关系联结。

建立关系的方式真的很多，而且根据每个人不同的情况会千奇百怪，有些方式甚至很无聊，但却真的很有用。

此外，我还是忍不住要提醒你，与每一位关键人物建立关系的要害，是想办法找到那些对你来说真正关键的人物。这一步做不好，后面的许多工作都可能事倍功半。当然，每个时期你的关键人物是会变化的。

我还想和你谈谈人和组织的关系。

这部分包括两个内容，一个是员工和组织的关系，另一个是你和组织的关系。根据我的揣测，目前你更关心的是前者。在员工和组织的关系中，最重要的是理清团体目标与个人目标的关系。

初为管理者，你最放不下的是团队目标，不敢辜负领导的信任，不想让同事失望，更想证明自己。然而，如果你的团队成员无法从这些目标里找到自己的利益，他们就没有多少理由为之献身；无论你认为团队的目标多么高尚、多么迷人，那都只能是你自己的目标。

从接手团队开始，你就要研究个人目标与团队目标的交集。也就是说，一旦团队目标达成了，个人会得到哪些利益，包括物质的和荣誉的。它们的交集越大，团队的凝聚力就会越强，团队目标的动员能力也必然会越强。如果你殚精竭虑都找不到这样的交集，就需要高度警惕——你可能还没有真正理解团队目标的内涵，或者你对团队目标的设定有问题。对领导者而言，弄清个人在团队目标中的利益，特别是物质利益，十分重要。

请注意，个人目标不是笼统的，而是团队中每一个人的。他们的目标极有可能各不相同，甚至互相排斥；但即使如此，你也有必要把每一个关键人物的个人目标厘清，尤其是他们最为在意的那些。

员工和组织的关系就说到这里。至于你和组织的关系，对于一名领导者来说，这个其实更为重要。

当处在较低管理层级时，你无法俯视组织本身，不太可能跳出组织审视组织，对长期存有的组织病往往不知所以。随着管理层级的提升，你必须改变视角，从那些重复发生的问题里寻找组织结构或者制度机制的病根，从而通过调整组织结构和制度机制来解决问题。

有人说，如果你把一些好人放进一个有缺陷的组织里，很快他们就会变成一群相互指责的坏家伙。冯仑有一句话说得更狠，"企业家不能光换老婆，不换组织"。我们经常提到，"能用结构解决的问题，就不用制度；能用制度解决的问题，就不靠开会"，说的就是这个道理。

有了这样的视角，就不可就事论事，死盯问题本身，而是要能用结构解决的问题，就不用制度；能用制度解决的问题，就不靠开会。

看一看问题背后组织的结构和制度有没有调整的必要与可能。

先举一个结构例子。过去你还是一个销售总监的时候，经常为大量积压的商品和车间仓库管理员发生冲突。尽管你们的私人关系不错，但你们隶属不同部门，仓库管理员得听车间主任的，他对市场的感知当然不会和你同频。现在，你升任公司老总了，就不可把精力放在调解二者的矛盾上，而应该把仓库的管理权划归销售总监，从而引导车间的生产直面市场。通过调整组织结构，从根本上解决了一个沉疴痼疾。

再举一个制度的例子。你初为基层管理者的时候，只能感受到制度的权威，僵化的制度经常让你感到无力。但当你走上更高的管理岗位时，就需要不时审视已有的制度体系，看看哪些制度需要废除、哪些需要修改、哪些需要增加。譬如，公司某一个团队缺乏成本意识，花钱大手大脚，行事过于铺张，批评、教育也没什么效果，**这时候，最好是寻求制度的帮助，把这样的团队变成一个独立的核算单位，甚至变为一个利润中心，让他们自己吃自己的肉，自己喝自己的汤。这样做往往会产生很好的效果。**

你可能已经发现了，当你尝试着处理你和组织的关系时，你其实就进入了一个较高的管理境界，系统思考和降维破解难题的能力将大幅提升。

我当然还要和你谈谈人与资源的关系。

有人说，关系就是生产力，我同意这种说法。每一位领导者都必须重视和资源的连接，人员、设备、环境、原料、机制都是资源，连接哪些以及如何连接，取决于你的目标。

我想提醒你，所有的关联资源都应该是结构化的。

譬如你的朋友圈，按照英国学者邓巴的理论，一个人的核心关系不过 30 个，尽管你的通讯录好友已经成千破万。如何确定核心关系？不可随遇而安，要依照自己的目标进行梳理。作为公司的产品主管，如果你确立了一个迭代新产品的目标，那么，把那些过去认识但来往不多的产品大咖作为重点管理的朋友就非常必要；作为一位中学校长，如果你想提高升学率，那么，有意接触并重点管理那些命题考试专家，就可以防止日常教学走偏，有助于实现目标。

当你的朋友圈能和你一段时间内的目标有机连接时，你的关系资源才是符合结构化特征的。一开始，你的朋友圈可能有明显的缺失，在你认为很重要的目标上，你并没有积累什么资源，而这就是你下一步要发力的地方。

还有，作为领导者，你最应该弄清的是你手头最有价值的资源是什么，以这样的资源，你可以到社会上赢得哪些你需要的资源。这当然也需要结构化思考，围绕目标，梳理连接的人员、设备、环境、原料、机制。**以手头的朋友可以连接更需要的朋友，以你的软技能可以换取对方的硬设备，以你的诚心诚意可以赢得良好的发展环境，如此等等**。总之，当你围绕目标连接资源的时候，你就完成了结构化的过程。

再来看人与环境的关系。

　　我们都希望有一个始终适合自己发展的外部环境，这样的想法可以理解，却不可奢求，常态往往不尽如人意。

　　在外部环境里，最重要的就是你和上司的关系。表面上看，你在这一组关系中并不处于主导地位；但当你试图改善这种关系时，你又必须保持主动性。在这里，我给你的建议是，找到上司的目标，围绕上司的目标谋划自己当下的工作哪些能与之结合。对，帮助上司实现目标从而赢得上司，永远是一个事半功倍的做法。不要像大部分人那样，朝思暮想的都是自己的理想、抱负，见到领导就喋喋不休，不是要资金就是要政策，时间长了，有些领导就会躲着你，甚至拒绝你。

　　还有一个常常遇到的情况是，"万事俱备，只欠东风"。所有的条件好不容易都凑齐了，不想就差最为要害的一项。于是，等待、落寞、抱怨，似乎整个世界都欠你许多，你也就陷入了一种消极郁闷的状态。

　　以色列有一个广为人知的信条，叫作"限制激发创新"。一个全世界最干旱的国家，从 1964 年就有了滴灌技术；淡水资源稀少，让他们在海水淡化及水资源循环利用领域处于全世界最为领先的地位；石油、煤炭资源贫乏，让他们成为世界上使用太阳能最为全面和领先的地区。

　　"限制激发创新"的背后，包含着一个解决问题的逻辑，就是内归因。**有一句话说得好，"从自己身上找问题，一想就通了；从别人身上找问题，一想就疯了"。找到自己可以改变的因子，专注于改变自我，也许这样别人才会改变。**

当然，人和环境的关系还包括很多，这取决于你处在什么位置。如果你是公司的中层领导者，跨职能部门的协调可能让你苦恼；如果你已经到了公司的 C 位，对外部环境的管理就会成为你最大的挑战。无论如何，找到对方的目标并与之协同，还有积极改变自己，才是关系构建的灵丹妙药。

——

最后，是你和你自己的关系。

作为领导者，你本应是理性的，但因为你同样是血肉之躯，就同样有着人性的弱点。在所有这些弱点中，贪欲、自负和偏见最容易给你带来困扰。这时候，你就需要那个理性的自己去战胜那个魔鬼的自己。

学会放弃，是战胜贪欲的有效工具，也是自己与自己和平相处的基础。因为我们什么都想要，所以我们经常陷入工作忙乱、生活无序的状态，而且往往不能自知。把这样的状态带到组织里，就会给团队带来混乱。英国领导力专家布赖恩·克莱格曾说，"最成功的人是那些不断努力减少自己工作量的人"。当然，真正能够减少自己工作量的人，一定是敢于放弃的人。放弃一些利益，放弃一些权力，放弃一些荣耀，甚至放弃一些目标，都会让你的工作和生活变得更加从容。

反思能力对领导者来说不可或缺，它是让你不断刷新认知，防止自我膨胀的良药。美国著名心理学家波斯纳曾经提出一个著名的公式：**成长 = 经验 + 反思**。后来，人们加以发挥，提出了一个新的公式：**知识 = 经验 × 反思**[2]。相较前者，后面这则公式更强调反思的价值——为什么有些人一辈子都在从事某项工作，到最后也没有成为这个行业的专家？因为他们只是在复制工作前几年的经验而已。有些人则不同，他们"终身成长，从未长大"，不断通过反思，使自己的每一个人生阶段都有不同的活法，所谓百尺竿头，还能更进一步。于是，他们最终成了领域内的翘楚。

反思，其实就是调整你和过去的关系，当然，它也会重构你和未来的关系。

我们经常说，一个人就是一个公司，你的任何决策都不仅仅和你自己有关。所以，在处理那些你认为"严重私人化"的事项时，你也要重新思考自己和它的关系，防止长期的自我封闭带来偏见。这也是我主张每个人都需要构建"个人董事会"的原因。

所谓"个人董事会"，其实是一个藏在你内心的虚拟组织，由几个关键人物构成。一般来说，必须有一位你目前所从事的行业的顶级人物，这可以让你看到制高点；如果这样的人物可望而不可即，你可以通过书籍和媒介与之对话。忘年交也必不可少，作为年轻人，我建议你交往一两位比你年长十几岁、二十几岁的智者，他们的工作乃至人生经历可以让你少走弯路。投资界或者媒体圈的朋友，也是"个人董事会"的重要成员，因为工作原因，他们掌握了许多行业和组织的秘籍、诀窍，也许你可以从那些不同的盈利模式和核心竞争力中受到启发。董事会的另一些成员则可以根据你所从事的行业以及一定时期的战略目标随时调整。

《傲慢与偏见》中有一句话很值得玩味，"傲慢无法让别人来爱我，偏见无法让我去爱别人"。我认为，这不仅仅是提醒青少年的警句，也是每一个走上领导岗位的人都应该深铭肺腑的铁律。

在以上的介绍中，我没有刻意地把构建关系、调整关系和管理关系分开来说，因为它们本身就是浑然一体的。如果一定要我分别说一说，我最想告诉你的是，调整关系对你来说可能难度最大；围绕不同阶段的组织或者个人发展目标，对关系分别进行管理，做到有所取舍，可能需要你建立自己的行事准则；当然，前提是你必须有笃定的价值观。

最后，我想把《掌握人性的管理》这本书中的一句话送给你。作者玛丽凯原本已经从一家化妆品公司退休，但她不甘寂寞，又意气风发地创办了一家全新的公司，打造出了全球著名的玫琳凯品牌。她在书中告诉我们，如果用一句话概括她的管理经验，那就是"让每一个人都感觉自己很重要"，以此和你共勉。

17th
LETTER

王立铭

加州理工学院博士，深圳湾实验室资深研究员，为公众长期追踪生命科学与现代医学的最新进展。

代表作：

《王立铭进化论讲义》

《笑到最后》

《上帝的手术刀》

《生命是什么》

主理得到 App 课程：

《王立铭·生命科学 50 讲》

《王立铭·进化论 50 讲》

《王立铭·病毒科学 9 讲》

《王立铭·巡山报告》

《王立铭·抑郁症医学课》

《众病之王的解决方案》

《给忙碌者的糖尿病医学课》

读者朋友们好：

我叫王立铭，是一名神经生物学家。这次写信给你，是想和你聊一聊科学家身上的软技能。

可能在很多人眼里，科学家是最不需要发展软技能的一群人——科学家的工作是研究自然世界的各种现象和现象背后的规律；现象有就是有，没有就是没有，规律说是 A 就绝对不是 B，坚硬得很，哪有什么"软"可言？相应地，科学家就应该是一群不讲人情世故、靠逻辑和数据指导行为的人。

这么理解，我觉得对，也不对。在处理科学问题时，科学家确实应该如此；但科学家也是人，是人类共同体中的一员，要想顺利开展工作，势必要和共同体中的其他成员建立联系、交换信息、开展合作。

这时候，我们工作的对象就不是冷冰冰的自然世界，而是热热闹闹的人世间了。照搬原先的方法论，肯定是要出问题的。

结合我自己的工作经历，我发现科学家身上比较容易出现这样两类问题：

第一，"专业的诅咒"，它说的是默认沟通合作方和自己一样，是相同领域的专业人士，有类似的知识基础，于是张口就是专业术语和技术细节。

第二，"理性的束缚"，是指默认沟通合作方和自己三观相似，比如，双方都强调理性大于感性、重视逻辑超过情绪，都认为只要事实、道理站在自己这一边，别人就会心服口服。

科学家群体之所以会给人留下"死板较真"的印象，很大程度上就是"专业的诅咒"和"理性的束缚"在作祟。如果这两个问题也让你感到困扰，接下来的两条行动建议，请你一定收藏好。

———

第一条建议针对的是"专业的诅咒"。其实不光是科学家，有研究表明，我们对某件事了解得越多，把它教授给其他人的难度就越大，因为我们很难回到初学者的心态去理解别人学习的过程。

我的解决方案可以用一个关键词来概括：高级外行。**把这个关键词"贴"在对方的脑门上，能帮你建立起沟通交流的对象感。**

为什么？科学家的主要沟通对象，无论是本领域的年轻学生、跨领域的专家、跨行业的合作者，还是对科学感兴趣的普通大众，虽然知识积累的方向和深度各有差异，但还是有一些相似的地方。比如，学习能力都不错，在自己的专业范畴内也有一定的积累。这些人就是所谓的"高级外行"。

这个标签具体有什么用呢？我们把它拆开来看看。所谓"高级"，指的是对方有较高的认知水平，渴望学习新鲜事物。既然如此，我们只要把计划讨论的东西进行合乎逻辑的拆解——目标是什么，路径是什么，ABC 方案如何评估优劣和可行性，等等——对方就一定能跟上。

说到底，生物学家说"A 蛋白通过影响 B 蛋白刺激了细胞繁殖"，和基金经理说"终端消费通过影响上游生产刺激了经济活动"是一回事，都是几件事情之间的因果关系；化学家说"A 物质和 B 物质只有在压强超过 X 帕时才会发生合成反应"，跟小吃店老板说"周末早上生意不好，因为我的主要顾客都是坐地铁的上班族"也是一回事，它们本质上都在讨论事情发生的必要条件。

至于什么是"外行"，很好理解：对方虽然认知和逻辑能力在线，但他所具备的专业知识和我们的大概率不重叠。所以，跟对方沟通我们熟稔的那些技术细节、概念原理时，要提前做好铺垫和讲解。

就拿前面举的例子来说，"A 蛋白"和"B 蛋白"，"终端消费"和"上游生产"，"压强"和"合成反应"——如果以一种完全不加解释的、高频率的方式使用这些词，那这几个生物学家、基金经理、化学家和小吃店老板是根本没法聊天的，不打起来就不错了。

在我看来，"高级""外行"两个词合起来，就是科学家和外部世界交流的理想姿态。在社会分工如此细化的现代社会，科学家并不天然高人一等（当然也绝不应该自惭形秽），只是我们碰巧在科学这个相对有大众话题性的专业领域有长期积累而已。我们同样应该假设，自己的沟通对象在某个学科领域、某个专门职业、某个兴趣爱好中也有类似深度的积累。双方先把基本的逻辑铺陈清楚，就可以为对方补充知识盲区了。

我的第二条建议是针对"理性的束缚"这个问题的。

日常工作中，科学家在反复训练放弃主观的情感和倾向、只依靠事实和逻辑来得出猜想和结论的能力。从本科到博士，再从博士到拿到教职，我们的每一次数据分析，每一篇论文发表，都在强化这种理性主导的工作模式。

道理也很简单，自然规律不以人类意志为转移。如果做不到绝对客观和中立，人就很容易被自己的倾向带偏，甚至会为了满足自己的倾向，不惜扭曲数据造假。在科学探索的历史上，类似的教训实在是太多了。

但前面我们也说了，这套已经形成肌肉记忆的工作模式，如果被应用到人和人的关系上就会出问题，因为人是有情感、有倾向、有爱憎的。我自己经常有这样的体验：已经拿出证据证明是对方的错了，为什么对方不仅不认错，还恼羞成怒了？明摆着收益大于风险的事，你们为什么就是不愿意一起干，反倒要去干没价值的事情？我表达下真实且客观的看法，为什么大家就当没注意到？……

如果你也有这样的困惑，我的建议是"扬长避短"，建立起自己的沟通方法论。这个建议同样得拆开了用。

先说"扬长"。既然专业训练带来的肌肉记忆是强调理性、讲究逻辑，那我们就得找能发挥这个优势的场合。比如说，一群朋友计划结伴出行，并且有三个备选的目的地，但有点拿不定主意到底去哪儿，这时如果有人能站出来，按景点质量、出行难度、旅行成本这三个最重要的因素，给目的地做个简单的优劣势分析，可能很快就能帮大家做出选择。再比如说，亲戚朋友在犹豫要不要买份大病保险，因为觉得自己身子骨不错，花这钱有点亏，这时如果有人能做个反事实思考，帮他分析一下如果真的患病但没有保险兜底，自己的家庭收入能否支持，也许就能帮他做出合理的决定。

你可能已经注意到了，这两个假想的例子完全不涉及专业知识的积累——你不需要对几个旅游景点有深入的研究，也不需要专门学过保险，你的理性和逻辑能力会在必要的时刻"跳出来"帮助你。**相信我，日常生活看似平淡无奇，其实有的是地方能用上理性和逻辑。**

再说"避短"。我们应该认清的一点是，科学家这群已经被训练得客观、中立、理性、讲逻辑的人，想要在某些场合切换成人见人爱的交际花并不现实。我在生活中确实见到过少数长袖善舞的科学家，但更多的人是强迫自己开玩笑、拍马屁、接地气、搞气氛，结果表现得非常刻意，甚至有些不伦不类。既然如此，还不如直接承认自己的能力边界，不要强迫自己越界。

当然，你可能会有担忧：咱们中国毕竟是一个人情社会，总是拒人于千里之外也不是个办法，还可能会破坏自己在领导、同事和同行心中的形象，影响自己的职业发展。怎么办？

这的确是个很现实的问题，不过它的影响可能并没有你想的那么严重。说到底，作为专业人士，科学家在绝大多数情况下面对的都是自然现象和自然规律；即便是跟人打交道，大部分也是以前者为基础的。比如，你需要和一个专家谈合作，或者向领导申请一笔研究经费，基础仍然是你的科研成果，而不是你在非工作场合有多么长袖善舞。

做好自己的工作，把对方当成高级外行，不卑不亢地沟通，你可能就已经完成了 99% 的任务，剩余 1% 完全由人情驱动的部分，真的没有也没关系。

还有，每个人的时间、精力都是极其珍贵的。如果你已经被训练成了传统意义上的"科学家范儿"，还要强迫自己在非工作场合也"如鱼得水"，你就需要投入大量的时间、精力去学习一种你完全陌生的技能，这反而会影响你发挥自己的长处。说到底，"扬长避短"本身就是在想法子把我们有限的时间和精力，投入到我们更擅长的地方。

———

亲爱的朋友，我在这封信里为你介绍了科学家身上的软技能，但到这里你应该已经发现了——它不仅适用于科学家，也适用于所有靠专业技能吃饭的职业群体。

总结一下。这些群体在自己的专业领域有深入积累，也形成了相对理性和讲逻辑（或者反过来说，相对刻板较真）的为人处世方式——这对他们的专业工作来说是必要且有价值的。但当他们走出小圈子，跟专业领域之外的人交流、沟通、合作时，他们经常会陷入"专业的诅咒"和"理性的束缚"，给人一种"只知道自己一亩三分地的知识，对外面世界一无所知并且毫不关心"的感觉。

应对这两个问题的软技能，分别是"高级外行"的对象感和"扬长避短"的选择性。这两者都强调，应该更多地发挥自己在逻辑和理性层面的训练和积累，同时避免被自己的专业知识和人际能力所局限。

说到底，**拥有一门长期训练的技艺是个难得的礼物，我们要把它用在能真正解决问题的场合，而不是任由它决定我们能在什么场合解决问题。**

与你共勉。

18th
LETTER

在体制内工作，需要什么软技能

熊太行

熊太行

《博客天下》杂志前主编，心理咨询师，人际关系洞察家。

代表作：
《掌控关系》
《不完美关系》
《凡人动了心》

主理得到 App 课程：
《熊太行·关系攻略》
《熊太行·职场关系课》

各位读者朋友：

你好，我是熊太行。

我经常接到读者们的提问：在体制内工作，需要哪些技能？

如果你对这个问题感兴趣，之前可能就有一些简单的了解了：同样是体制内的工作，机关、事业单位、国企的风格气质很不一样；不同行业、部门、岗位考察的专业能力，也就是我们常说的硬技能，也很不一样。

至于这本书的主题，软技能，即便在两个相距甚远的工作岗位上，也会有相通的地方。所以接下来，我会从四个层级入手，和你聊聊体制内人员需要的软技能。

这四个层级，你如果学习过我在得到 App 开的课程《熊太行·关系攻略》，肯定不会陌生，因为它们也是人际关系里的四种能力：

第一，和自己相处、让自己内心自洽的能力；第二，和身边的人和谐相处的能力，也是很多人认为最重要的人际关系能力；第三，在一个组织内被尊重和获得发展的能力；第四，应对危机的反应能力和智慧。

先来说让自己内心自洽的能力。这个让很多体制内新人苦恼的问题，其实可以从几个方面逐一化解：**吃得了苦，忍得了"穷"，关得起门，拉得下脸，读得下书。**

吃得了苦很好理解：刚进入职场，做的事情比较琐碎，有的人可能还要到乡镇、基层工作，条件比较艰苦。

我就认识一位年轻姑娘，她到镇里工作，一推开宿舍窗户，看到一大片坟地，"嗷"一嗓子吓得把窗户关上了。她问我怎么办，我说，别怕，他们都是普通群众，你就是为他们的后人服务的。

她听到这句话，心里才算是好受了些，后来忙起来了，果然就毫不在乎了，因为生老病死本来就是基层工作的一部分。

再说忍得了"穷"。需要注意的是，这个穷不是真穷——体制内的工作收入比较稳定，从来没听说有吃不起饭的。但它相较有些行业肯定是清水衙门；如果跟从事金融业的同学、朋友横着比，你心里一定会不爽。事实上，他们是用自己的聪明才智变现，而你是用自己的才能和意志效力国家，大家的工作性质不同。

无论如何，在进体制之前你就要想清楚，进了这个门，就从此和巨额财富无缘；但只要做得好，你就能够受人敬重，拥有足够高的社会地位。

然后说关得起门。这是在说，必要的社交肯定要有，但是有些低质量的吃吃喝喝，能不去就不去，要做减法。省出来的时间，你可以拿去经营重要的朋友关系，或者去学点本事、技能，肯定更划算。

接下来是拉得下脸。你进体制的第一天，就会有人打你这个关系的主意。亲朋好友、乡里乡亲，难免想要请你帮着办点什么事。有悖于原则的事情一定要拒绝，让你冒险的人，不是你的真朋友。

最后，在体制内工作，要想有所成就，必须读得下书。大学里读的书肯定是不够的，还要把一些原典找出来看。

《习近平谈治国理政》要读，《毛泽东选集》和《邓小平文选》也要看，《资本论》全集看完有难度，那至少要涉猎一些选本。

读过原典有很多好处：领导提到的某些点，你能帮他引证到经典的原文，他一定会觉得你是个出色的下属；你领导一个部门时，如果常常能够引用原典，下属也会觉得"这个领导水平高"。

当然，原典不是我们用来卖弄、出风头的工具。读原典的妙处在于，它有一种浸润效果。金庸先生在《射雕英雄传》里提到，黄裳在修订道家经典时读完了所有的原典，然后突然就精通了武功，还写出了《九阴真经》，这就是浸润——年轻时浸润在原典里，能够形成正确的思维和行事方式，未来举手投足，自然不会逾越规矩。

读书肯定是童子功最好，但是北宋的苏洵二十七岁开始发奋读书，三国时代的吕蒙三十多岁还被孙权鼓励去读书，可见这件事什么时候开始都不算太晚。

有个在体制内工作的朋友跟我抱怨，说自己社交能力太弱，没有前途。我问他什么是社交能力。他告诉我："会喝酒，会说话，会来事儿……夸起领导来一套一套的。"

啊，这真是极大的误解。

社交其实是为他人提供价值、让自己收获支持的一种行为。我认为真正的社交能力，是理解他人的能力。我们可以按照体制内不同的工作对象，把社交能力进一步拆分为**理解领导的能力、理解同事的能力、理解下属的能力和理解大局的能力**。

先说理解领导的能力。我们经常开玩笑说，领导日理万机。这话是真的，领导不仅要领导你的部门，他也有自己的领导，也要满足他的领导的需求。而且，大多数做领导的人在生活中可能都有面临升学压力的孩子，班主任一声号令，他也得老老实实去学校开家长会。

每个人都扮演着不同的社会角色，理解了这件事，你就可以把很多事想明白了。比如，你的领导优先满足大领导的需求，不是他自私、自保、想升官，他也是为了你们整个部门的工作成绩，这里面也有你的利益。

所以，不要觉得领导没有考虑到你的感受和利益，就是他欺负你、忽视你，有时候你需要提醒他。

有句话叫作"领会领导意图"，好多人把它理解成"猜领导怎么想"，这是不对的。刚开始和领导磨合，没听懂不要去猜，而要多请示、多请教，哪怕领导觉得你"笨而努力"，也比觉得你"自作聪明而误事"好得多。

你和领导的关系从来不是主仆关系，大家人格上是平等的，但可以是一种接近师徒的关系——你帮助他分忧、帮助他解放时间，就像弟子为老师做一些服务，这是可以接受的。

有了帮领导分忧和解放时间的心思，再看周围，你眼里就都是活儿了。别人在那里卖嘴尬吹领导，你帮领导把麻烦解决了，然后悄声打个招呼，领导会更信赖谁呢？

再说理解同事的能力。

之前有一个通过人才引进进入体制内的读者给我留言，说她的同事"一个有担当的都没有，谁也不肯多干一点活儿"。

我安慰完她之后，问了她三个问题：**这个活儿，是他们额外的工作吗？这个活儿，会给他们带来风险吗？这个活儿，会给他们带来收益或者成就感吗？**

她听罢仔细想了想，明白了一个道理：这个活儿给同事带来了额外的工作量，但并不能给他们带来任何收益或者成就感。

我在《熊太行·职场关系课》里提到过，职场上有三个基本原则：安全、进步和收益。当你请托不隶属于你的同事多工作时，要么带着领导的正式命令来安排（不执行他们的安全就会受到威胁），要么能给他们带来像加班补贴这样的额外收益。

这位读者的同事不是"无利不起早"，而是"不肯白用功"。如果一个活儿没有物质奖励，那就要靠你用这个工作的重要意义去说服他们。比如，"这是支援灾区的任务"，就是一个有可能打动对方的理由。

然后说理解下属的能力。

下属经常要在没有太多资源、信息也不充分的情况下执行你的命令。一个合格的领导，肯定会考虑下属的疾苦，无论是加班还是执行什么艰巨的任务，都要尽可能为他们争取一些条件，让他们能够舒服一点。

下属的工作年限往往比你短，生活上可能还有现实困难。而那些能向下属更多地表示关心，并且被下属敬重的领导，往往能走得更远。

接下来是理解大局的能力。没错，在体制内工作，光考虑直接上级、身边同事和下属还不够，你还必须具备理解大局的能力。

一些暂时不能理解的工作，或者损害自己或小团体利益的工作，如果能放在一个更大的范畴里去理解、解读，你可能就会发现：有些困难是必须面对的，有些苦是必须吃的。

其实社交能力还有一个加分项，我放在最后为你介绍，那就是理解群众的能力。

中国很大，各种各样的人都有，有些人并没有那么好的生活条件。作为一名公职人员，如果你能考虑到中国的复杂性，理解、谅解那些过得不太好、陷入困顿的人——因为个人条件所限，他们不太可能改善自己的处境——你就拥有了理解群众的同理心。

说了这么多的黄钟大吕，发现没有——**原先我们以为的社交能力，比如喝酒的时候如何敬酒、应酬、寒暄，都是末技，一学就会；如有需要，现学也来得及，你不需要在这上面耗费太多精力。给人提供价值，让自己获得支持，这才是真的社交能力。**

说完了社交能力，我再给你说说上进和发展的能力。

在体制内应该保持一种什么样的姿态？这也是让很多人苦恼的一个问题。如果表现得太积极，会被人嘲讽是个官迷，引来敌视；但如果整天表现得很高姿态，让这个让那个的，晋升机会也就被让出去了。

如果你既不想被评价成官迷，又不想被视为躺平，接下来的四条行动建议，请你收好：**第一，有雄心，而不是野心；第二，挑担子，而不是抢权力；第三，等待召唤，而不是闲云野鹤；第四，是大舞台，而不是角斗场。**

我来为你一一解释下。

第一条说的是，你要表达自己的上进心，因为领导肯定不会提拔一个对上进毫无念想的人。更进一步来说，这颗心如果是用来做事的，就是雄心；如果是用来拿到一个职务、职位或者职称的，就是野心。

在日常工作中，如果你是一个有担当，能够理解领导和同事，也关心下属的人，那就没有人会说你是野心家。

第二条，我们往往把晋升至一个更高的职级理解为对自己的肯定，是自己获得的荣誉，这当然没问题；但它更是一份责任——如果你能表现出对一个职位责任的理解，那你就不是一个抢夺权力的人，而是一个挑担子的人。

第三条的意思是，在体制内想要做点事，闲云野鹤的姿态肯定是不行的，即使你处于不利的处境，被误解、被冷遇，也应该等待机会，等待召唤。这需要极好的胸怀和修养，因为所有等待都是磨炼。

第四条，我把体制内的工作比喻为大舞台，是因为它区别于大部分中小型民营企业，人员结构相对稳定，大家有可能在五年、十年甚至更长的时间里都保持着同事关系，低头不见抬头见。这种长期性意味着谁都很难彻底毁灭谁；即使对方被调走，也没准儿哪天大家还有合作的机会。

同事不是敌人，抱着摧毁谁、碾压谁的态度就错了。相反，本着"他出色，但我要更优秀"的态度，在舞台上尽情展示本领、挥洒实力，才是对自己、对国家都负责的态度。

———

最后我要跟你说的是处理工作危机的能力。

这项能力很关键，后面刘晗老师还会结合法律职场展开讲解（请翻阅本书"法律人有什么不一样"）。而我想提醒你关注，体制内的工作危机除了少数灾害性、意外性的事件之外，绝大多数都是有人违规操作，并且一定不是一个人出错，而是从上级到下级，或者流程上从前到后的一串人出错。

常见的情况是有一个人"哐哐哐"拍胸脯，说这么做肯定没问题；另一个人耳根子软，信了他的空头承诺，继续往下推……

要避免这样的危机，最简单的办法就是照章办事。

一定会有人劝你，别那么死板，别不知道变通。但我的建议是，在这份工作里，胆小一点安全，胆小一点安心。

不要为了自己的"提升"和"前途"去跟恶魔签契约。一旦违规操作，甚至违纪违法，你就会被人胁迫，仰人鼻息，在邪路上越走越远。

哪怕是因为死板、不变通而被调离重要岗位，也比出了事被开除公职好得多。因为坐冷板凳还可以回来——胆大妄为的人早晚会出大事，那时被他发配去坐冷板凳的人就有机会了。而一旦违纪违法，那才是真正的前程尽毁，什么都没有了。

所以，无论遇到什么样的危机，有两点务必记住：首先，不能站在坏人那一边；其次，不替坏人背锅。

坏人在某些时候可能是颇有能量的。如果抱着对名利的欲望，想要通过在关键时刻效忠坏人来交"投名状"，就大错特错了。

坏人干坏事的时候没有带你，说明他不信任你；你知道了他的所作所为之后再加入进去，他会不会信你？大概率还是不会——你觉得你帮助他解决了麻烦，其实他看你才是麻烦。

还有一些坏人是希望你来背黑锅。之前就有一个读者跟我说：熊师傅，我在一家国企工作，之前的上级瞎折腾，好多钱花得不规范。现在总部检查，他逼着我补签好多字，我应该怎么办？

答案就是不能签。不签可能会丢工作，但是签了，一定会背黑锅。所以，直接拒绝、拖延、请病假休息都可以，他强行命令你，你可以不执行。他着急了，就会换人签字或者伪造签字，那责任就不是你的了。

任何坏消息都是捂不住的。而且别忘了，上级之上，还有组织。

前面我从四个层级为你梳理了体制内人员需要的软技能。你可能已经意识到了，体制内的工作并没有什么特殊性；如果你在外企、上市公司等规模足够大的企业工作过，你会发现它们内部的有些规则、人际关系，以及你需要具备的软技能，和体制内的工作非常像。

万变不离其宗。最后我想送你的是我在《熊太行·职场关系课》里时常提起的"零号原则"：保持自己随时换一个工作的能力。

体制内的工作稳定，这个稳定的意思是，如果你没犯大错，可以平安在此退休。但是如果因为吃了挂落、坚持原则而坐了冷板凳，那么你也还有两种选择，我把它总结为：广阔天地，大有可为；看这小院，百花芬芳。

第一个好理解，体制内的工作并不是工作的全部，在体制之外还有非常丰富的世界。如果你在单位一直保持着学习能力、理解他人的能力和上进心，你不会适应不了外面的工作；这些软技能就是支撑你离开体制、出去闯一闯的底气。

第二个说的是体制内的包容性：也许你由于某些原因失去了晋升的机会，看到了职业发展的天花板，那你还可以改善自己的生活，丰富自己的内心；在完成分内的工作之余，照料好家庭，发展兴趣爱好，甚至发展出一门副业。

要知道，刘慈欣就是在电厂工程师的工作之外，写出了《三体》这部著名的科幻小说。

广阔天地，大有可为；看这小院，百花芬芳。

经常有人说，体制内藏龙卧虎。

真相了。龙虎可以风云际会，从一个个看似寻常的单位里出来；一个个看似寻常的单位，又可以盘得下龙、卧得住虎，作为他们未鸣未吟之时的栖息之地。

我认识很多体制内的人，他们在退休前会兴致勃勃地提到自己的去留取舍，那个关键的时刻。

奇特的是，无论最终选择了去还是留，他们都没有后悔过。

19th
LETTER

第十九封信

如何做一个有趣的理科生

李铁夫

李铁夫

清华大学副教授，北京量子信息科学研究院兼聘研究员。从事量子计算机科研工作近 20 年。

主理得到 App 课程：
《前沿课·量子计算》
《前沿课·芯片技术 10 讲》

亲爱的读者：

见字如面。

社会发展到今天，软技能受到了越来越多的关注和重视，很高兴得到要在这个领域发力了。我自认为是一个硬技能不足、软技能欠缺，但还算有趣的人，很乐意跟你聊聊我所理解的那些让理科生有趣的软技能，与你共勉，一起进步。

一提到有趣的理科生，你脑子里蹦出来的第一个人是不是《生活大爆炸》这部美剧中的"谢耳朵"？他应该是一个最典型的有趣的理科男了，每次都能基于非常深厚的物理学专业知识，一本正经地把你逗笑。

我记得剧里有这样一个片段：有一天晚上刚过 12 点，谢耳朵就坐起来跟女友艾米说生日快乐，并掏出了精心准备的生日礼物——一张照片，那是他大脑的磁共振成像。

你的第一反应也许是"这未免也太寒酸了吧？"别急，我们听听这个理科男是怎么解释的："它不仅仅是一张磁共振成像，你看，照片里我的眶额皮层是发亮的，因为我当时正在想你。"

艾米一下就被甜化了。我是后来查资料才知道，眶额皮层是人类情绪产生的主要神经机制。

跟谢耳朵类似，这部美剧里的另外几个理工男也很有特点。

另一位主角霍华德送给妻子伯纳黛特一个星星样式的项链坠，看起来平平无奇，并不是什么八心八箭，而且他还说"你戴几天得还给我"。为啥呢？因为"我得把它带到太空站去，这样等我回来之后再送还给你，你就真的有了一颗从天上下来的星星"。

你看，这些理工男和你印象里的是不是还挺不一样？我十分佩服《生活大爆炸》的主创团队，他们非常理解理工男的趣味和浪漫，挖掘的笑点和槽点都十分准确。从剧里这两个情节说起，我想继续跟你聊聊，想成为一个有趣的理科生，有哪些重要的因素。

第一，硬技能。

在这本书里，香帅等多位老师提到，软技能是相对硬技能而言的。我认为对理工科同学来说，所有软技能都是依附在硬技能之上的。谢耳朵那张小小的照片体现了他在生理学和物理学领域丰富的知识；霍华德就更了不起了，他凭着自己的专业技能获得了去空间站工作的机会，否则怎么能把从天而降的"星星"送给伴侣呢？

提升软技能的前提，是把硬技能夯实——让自己成为某个领域的专家、专业人士，在此基础上提升软技能才有意义。

第二，开放的思想。

理工科同学从小接受的是一套"丁是丁，卯是卯"的专业训练，做一道题对就是对，错就是错；往往要等出了学校才会发现，真实世界里是没有标准答案的。所以，面对问题求同存异、保持思想开放，也是一项重要的软技能。

我们学校物理系的徐湛教授七十多岁了，依旧活跃在教学第一线。我想跟你分享一个关于徐老师的故事，这个故事和他的课程内容、科研工作无关，而是有关怎样从零开始学习线上授课的。

2020年春季学期，清华全校课程需要统一实行线上教学。这对我们而言是一个巨大的挑战，也是徐老师人生中的第一次——他完全可以选择把课停掉，先不讲了，但他没有这么做；因为他知道，现在的困难可能会成为未来的趋势，那就去接受它、熟悉它、掌握它。从初步掌握设备的操作方法到一段时间后可以熟练使用，再后来，他还加入了"在线教学指导专家组"，向全校老师分享自己在线上授课时积累的经验和方法。

在很多人看来，不管是脑力方面，还是体力方面，线上教学对一个年过七旬的老人都是一个很大的考验。但徐老师本人觉得这不是个问题，干这件事有意思。这让我想到计算机科学家侯世达的一句话："一个活生生的心智总能发现通往可能性世界的窗口。"保持思想开放，将是你提升软技能的基石。

第三，广泛的通识类知识。

我曾听我们学校经管学院的钱颖一老师讲过，美国投资和证券巨头高盛集团在中美两国面试候选人的侧重点很不一样。在北京，高盛的面试问题中技术性问题占比很高；而在纽约，面试问题中占比更高的则是和哲学、历史相关的思想性问题。

提高技术性问题在面试中的占比，当然能筛选出上手快的

现在的困难可能
会成为未来的趋
势，那就去接受
它、熟悉它、掌
握它。

"熟练工"，对企业来说更"有用"。但钱老师有个提醒，就是知识的有用性，不仅体现在提高工作成效方面，还体现在提高人的素养、提升人的品位等方面。

乔布斯当年从大学退学后，并没有马上离开学校，而是旁听了一些自己感兴趣的课程，其中一门是美术字课。这门当时看起来没有什么实际用途的课程，在十多年后他创建苹果公司时发挥了重要作用——他把彼时所学用在了苹果电脑上，所以这款电脑才会有"这么丰富的字体，以及赏心悦目的字间距"。

我自己也有过类似的经历。我在得到 App 这个知识服务平台认识了很多来自各行各业的老师，从他们身上，我学到了很多自己专业以外的"没啥用的知识"。不过，就是这些"没啥用的知识"，让我成了现在这个有趣的我。

1948 年，建筑学家梁思成对学生们说："建筑师的知识要广博，要有哲学家的头脑、社会学家的眼光、工程师的精确与实践、心理学家的敏感、文学家的洞察力……但是最本质的他应当是一个有文化修养的综合艺术家。"放在今天，其实每个职业的从事者都应当如此——掌握本专业以外的通识类知识，短期看似无用，但从更长的时间尺度上看，一定会给你带来惊喜。

第四，良好的自我表达。

每年有新生加入我的实验室，我都会给他们做基本的培训，其中很重要的一项是如何写邮件。

你别不相信，在写邮件这件看起来很简单的事情里，其实藏着不少坑——煞费苦心地遣词造句，结果用了一堆生僻词和复合句；想说的事情太多，对方抓不住重点，于是没耐心读下去……你再想想，很多收件人，你是不是没什么机会跟他在线下见面？他对你的印象，是不是就建构在这一封封邮件之上呢？所以才有"见字如面"的说法嘛。

那么，我培训新生写邮件，具体是培训什么呢？其实很简单，就是让他们把自己接受的那套理工科的逻辑训练迁移到写作上。比如，把要汇报的工作按照1、2、3列清楚，将关键字加粗或者高亮，等等。很多情况下，把这些小技巧用好，就足够写出一封条理清晰、重点明确的邮件了。

在这些小技巧之上，你还要通过专门的训练来提高自己的表达能力。

我们学校有一门面向全体本科生开设的课程，叫写作与沟通。这门课程既不是语文课，也不是学术论文写作课，学生更没法随便凑一篇文章应付，因为如果这门课程挂科，他就没法毕业。那么，学生在这门课上学的到底是什么呢？

写作与沟通教学中心的首任主任梅赐琪老师讲过一个洞见——**我们很多时候是因为想不清楚，所以才会说不清楚、写不清楚**。他们研发这门课程，就是希望通过所谓的说理写作或逻辑性写作，对学生进行严格的思维训练，让学生无论在学术研究领域还是日常生活中，都能进行高质量的沟通。

所以，写作与沟通课其实是在培养学生 write as communication（像沟通那样去写作）的能力——不仅有老师一对一面批，还有同辈评议——从初稿到最终成稿，学生们始终处于一种互相学习、交流的环境中。

通过类似的训练，你会发现：写作解决的是人和人之间精确沟通的问题。当你抱着"为了沟通"的信念去写一封邮件、一份报告时，你在文章中的表达能力肯定会更上一个台阶。

第五，自我管理。

过去在学校里，挑战来的方向很明确，就是各种考试、选拔。虽然也很严酷，但毕竟你知道战场在哪里。而到了社会上，最大的麻烦是，你不知道挑战会从哪里来，是什么样子，又会持续多长时间。这在很多理科生身上表现得特别明显，而且过去成绩越好，这种惯性就越强烈。怎么办？

我认为在这种情况下，自我管理这项软技能的作用就凸显出来了。蔡钰老师在前面提到过（请翻阅本书"自我管理的关键是目标管理"），管理目标、管理注意力、管理健康，还有自我激励、自我安抚、自我取悦，都属于自我管理，也都是在不确定中能为你建立起掌控感的能力。

我还在吴军老师的书里看到，自我管理的另一种绝佳方式，是给自己设计一些极端测试。比如，试着去跑一次马拉松，看看自己能不能坚持下来；或者连续工作 48 个小时，看看自己受不受得了；又或者在一个条件很差的环境中生活一段时间，看看自己忍耐的极限在哪里。

还是一名学生的时候，我们应对挑战的底气是，我准备好了。到了社会上，我们应对挑战的底气是，我的自我已经足够强大，没有什么大不了的。

第六，欣赏你的人。

对，不管是在工作还是在生活中，都要找到欣赏你趣味的人，把你的有趣展现给他。

"彼之砒霜，吾之蜜糖。"有很多软技能是无法定量衡量的能力，比如想象力、团队精神、竞争意识等。即便你的能力再强，也一定会有人不买账。

在开头举的《生活大爆炸》的例子里，谢耳朵送的生日礼物之所以奏效，其实还有一个关键因素，就是艾米立马可以心领神会，欣赏他的有趣和浪漫。如果说艾米和谢耳朵的心领神会建立在知识背景高度一致的基础上，那么另外两个主角莱纳德与其女友佩妮的情况就很不一样了。莱纳德也有过类似的浪漫时刻。他送给佩妮一片从北极带回来的雪花，保存在聚乙烯醇缩醛树脂里，永不变质、永远纯洁。看过这部剧的朋友应该都知道，佩妮没有大学文凭，也没有某个领域的专业知识，但她的情商绝对在"向下兼容"莱纳德。收到这个北极雪花的礼物之后，佩妮的回复在我看来非常有爱："这是我听不懂的话里感觉最浪漫的一句。"

你看，遇到对的人，在他眼里，你就是一个有趣的人。

以上就是我理解的能让理工科学生变得有趣的软实力，希望能对你有一点启发，也祝你越来越有趣。

20th
LETTER

第二十封信

马歇尔将军教给我们的

徐弃郁

徐弃郁

清华大学国家战略研究院资深研究员，国防大学战略研究所原副所长。长期从事国际问题和战略史研究。

代表作：

《脆弱的崛起：大战略与德意志帝国的命运》

《帝国定型：美国的 1890—1900》

主理得到 App 课程：

《徐弃郁·全球智库报告解读》

《徐弃郁·美国简史 30 讲》

《徐弃郁·德国简史 30 讲》

《徐弃郁·英国简史》

亲爱的读者朋友：

你好，我是徐弃郁，一名战略研究者。

在这封信里，我试着把软技能这个话题和自己的研究领域结合起来。我会为你挖掘一位著名军事人物身上值得借鉴的软技能，他就是美国陆军五星上将马歇尔。

与巴顿、麦克阿瑟、尼米兹等第二次世界大战期间的美军名将相比，马歇尔并没有什么显赫的战功。但作为美军的陆军参谋长，马歇尔为反法西斯战争的最后胜利做出的贡献超过其他任何一个美军将领。

你可以把马歇尔理解为战争的管理者、美军所有重大行动的总调度者。美国前总统杜鲁门就曾评价说，**马歇尔为战争胜利做的贡献不同于别人，他贡献的是胜利本身**。

马歇尔获得的巨大成就，一方面来自他过硬的专业素质，另一方面则与他的沟通、协调、洞察等软技能密切相关。

总体来看，马歇尔的这些软技能集中体现在三个"把握"上：对人的把握、对细节的把握和对矛盾冲突的把握。

我们现代人谈论"软技能"，通常是相对于专业工作的"硬技能"而言的，包含沟通能力、社会交往能力、管理能力，等等。但如果往深里探究，软技能真正的核心一定是对人的影响和把握。而在这个方面，马歇尔有自己的独到之处。

首先是识人。与多数卓越的管理者一样，马歇尔爱才若渴。他的仕途并非一帆风顺，军校毕业后在各种岗位上转来转去，虽然屡受上司褒奖，但晋升缓慢，40岁才当上少校，获少将军衔时已近60岁了。同样官至五星上将的麦克阿瑟与马歇尔同年出生，但麦克阿瑟31岁就成了少校，比马歇尔早14年成为少将。

不过，这些经历并没有影响马歇尔对人才的态度。很多关于马歇尔的著作都提到，他有一种为国选才的习惯和心胸。无论在位居高位之前还是之后，他都非常注意发现和选拔人才，而且具有一种慧眼。

一个典型的例子是马歇尔发现艾森豪威尔。日本偷袭珍珠港几天之后，时任美国第三集团军参谋长艾森豪威尔被召回华盛顿向马歇尔报到。马歇尔问他，面对当前情况，美国在远东太平洋地区的整体行动方针应该是什么。对于这个问题，艾森豪威尔并没有马上侃侃而谈以展示自己的预见和智慧，而是向马歇尔请求给他几个小时的时间做准备。

马歇尔从这个举动中看到了艾森豪威尔的关键品质：稳重可靠，不投机取巧，对事情的轻重缓急有充分的判断。在听完艾森豪威尔的回答后，马歇尔立刻拍板将他任命到核心岗位，之后又一路保荐、提拔，让他出任盟国欧洲远征军最高司令，负责指挥诺曼底登陆。

其次，马歇尔对人的把握还体现在如何用人上。对于不同性格特点的下属，马歇尔的使用和驾驭方式也大不一样。对于艾森豪威尔这样稳重型的高级指挥官，马歇尔充分表现出用人不疑、疑人不用的一面。

1944 年冬季，就在盟军认为战争已经接近尾声时，德军突然发动了著名的阿登反击战，使盟军整条战线发生了动摇。面对失利，盟军内部要求追责的声音高涨，而且多数批评的矛头都指向西线最高指挥官艾森豪威尔，这使艾森豪威尔压力巨大。

面对这种情况，马歇尔做了两件事：一是命令美军总部各级人员都不得干扰欧洲前线的指挥，实际上就是尽可能避免向艾森豪威尔施压，让他可以继续放手工作；二是给艾森豪威尔发新年贺电，表扬他的工作，这样相当于给他吃了一颗定心丸。在马歇尔的信任之下，艾森豪威尔成功稳定了盟军内部，将盟军的资源优势、组织优势再一次发挥出来，取得了西线的胜利。

而马歇尔对另一位美军名将巴顿就不是这种做法。他非常清楚，巴顿是美军内部对装甲部队最专业也最有热情的军官之一，像他这样的指挥官可以凝聚、提升整个部队的精神力量，"带领部队赴汤蹈火"。至于巴顿的弱点是什么，马歇尔也心知肚明，就是性格暴躁、喜欢单打独斗。

针对这样一名个性鲜明的将领，马歇尔的做法是在大加任用的同时"用一根绳子紧紧套住他的脖子"。何以见得？马歇尔成为陆军参谋长之后，大力发展装甲部队，并将新组建的第二装甲师交给巴顿统领，这显然是用人所长。但是，马歇尔又对其敲打不断，甚至数次撤换其职务。虽然巴顿在第二次世界大战中威名显赫，且军衔晋升为上将，但马歇尔实际让他指挥的部队从来没有超过一个集团军，而且从不把需要与盟友协调较多或政治性较强的任务交给他。

这些例子可以体现马歇尔对人才妙到毫巅的把握能力。

在历史上，马歇尔还以过人的战略眼光和战略管理能力著称。可以说，从第二次世界大战前美国在工业、军事方面做的参战准备，到第二次世界大战中欧洲战场和太平洋战场的排序、组织和管理，再到美军几大军种的发展比例，马歇尔都是主要领导者。你会在他身上看到，善于从宏观上把握问题的领导者不一定会放弃细节；相反，对细节的关注和把握恰恰是马歇尔宏观管理能力的一个补充，两者在他身上很好地融为一体。

我给你举个例子。第二次世界大战中，美军的给养是一种非常特别的存在。美军登陆欧洲以后，欧洲人发现，**连美军普通士兵身上都带着巧克力、口香糖和骆驼牌香烟等，而这些东西在当时的欧陆已属于奢侈品了。欧洲人觉得非常不可思议。很多人解释说，这是因为美国当时足够富裕。但实际上，美国的实力只是一个基础条件，更重要的原因是时任陆军参谋长马歇尔对军队给养水平的重视。**

早在第一次世界大战时期，美国就曾派军队赴欧洲参战。当时美国的国力已经排到了世界第一，物资和经费都不缺；但由于组织管理等问题，军队的给养并不好，彼时在前线的马歇尔对这些问题就有很深的体会。在他看来，美军离家千里来欧洲打仗，要保持部队士气本身就是一件困难的事情；如果给养水平上不去，部队的士气就更难保持了。所以，当马歇尔成为陆军参谋长以后，他给予美军士兵给养这种常人眼中的"小问题"以高度关注，对很多细节都亲自过问、真正拍板，如此才有了第二次世界大战中美军"豪华版"的给养。

马歇尔关注细节的能力有时体现在人们意想不到的地方。诺曼底登陆后，美国陆军部发现有一家四兄弟参军，其中三人已经牺牲。马歇尔很快注意到这个细节，决定让仅剩的那个兄弟回家。这则事迹就是后来斯皮尔伯格导演的电影《拯救大兵瑞恩》的原型。

还有一个流传很广的故事：由于美军不断向前推进，大多数营房的居住时间很短，这就给营房管理带来了一个问题——这种临时性的营房要不要刷漆？如此细小的问题，马歇尔居然也关注到了。他要求美军在欧洲的临时营房一律刷漆，因为此前的调查统计显示，刷漆的房子能带给士兵更多安定感，从而减少他们的思乡情绪。

应该承认，如果没有这种关注细节的能力，马歇尔很难取得如此大的成功。

作为美军重大行动的调度者和管理者，马歇尔势必要协调各方面的关系，而这在第二次世界大战期间是一项极其艰巨的任务。

一方面，盟军之间，特别是英国、苏联和美国之间的战略利益不一样，政治需求和战场需求也不一样，常常出现矛盾和摩擦，协调起来十分困难。另一方面，在美军内部，各军种之间存在竞争，欧洲战场和太平洋战场之间也存在竞争，有时还会把马歇尔的上级——罗斯福总统卷入其中，协调难度往往更大。

在这种情况下，马歇尔对矛盾冲突的把握能力就十分关键。面对起冲突的双（多）方，他既不会"和稀泥"或走"中间路线"，也不会凭借自身权威来压服某一方，而是会冷静地抓住矛盾各方争执的真正问题，运用灵活的方法加以协调。这在马歇尔处理麦克阿瑟的要求时充分表现了出来。

麦克阿瑟是一位非常有个性的将领，能力出众，但以自我为中心，好大喜功。作为太平洋战场的主要将领，麦克阿瑟在战争初期就要求军队为他提供一批数量巨大的装备和弹药。在当时的情况下，这一要求明显不切实际。

马歇尔是怎么做的？直接拒绝吗？不是。他邀请麦克阿瑟派来提要求的一位上校参加陆军参谋部的每日例会，让他亲眼看见全球各战场发来的诸多告急电报，切身体会战争全局的巨大压力。

这位上校受到了极大的触动，不仅不再坚持原先不合理的要求，还主动表示要跟麦克阿瑟解释。值得一提的是，即便在战局非常严峻的情况下，马歇尔仍然想办法尽可能满足太平洋战场的需求。他身上体现出来的与其说是某种权谋，不如说是一种真诚的力量。

我再带你看一个著名的例子，是关于马歇尔协调美国军种之间的矛盾的。

第二次世界大战爆发后，美国虽未马上参战，但战争准备已经刻不容缓。当时非常突出的问题是，美国应该优先扩充哪个军种？

要知道，美军内部几大军种一直有相互竞争的传统，此时更是争抢激烈。而作为美军最高统帅的罗斯福总统已经有了明确的偏好——他认为美国是一个有两洋保护的大陆，因此要优先发展海军和空军，陆军只需守卫本土。马歇尔当然不同意这样的发展思路。他表示，美军各大军种需要均衡发展，只有这样才能取得战争的胜利。

对于马歇尔的坚持，罗斯福总统提出了一个"技术性问题"：如果各军种均衡发展，那么军费总额将大大增加，美国国会不可能同意。而马歇尔对此的回答是，国会的工作由他来做，总统只需同意就行。

在那之后发生了什么，你应该已经知道了——所有的战争准备按照马歇尔原先的思路展开，各军种之间的矛盾也得到了很好的协调。这整个过程体现了马歇尔处理矛盾的另一种方法，就是站在对方的角度，在说服对方的时候，为他准备好解决问题的方案。我认为这其实是一种担当的力量。

讲完马歇尔对人、细节和冲突的把握以后，我发现：与其说他展示了某几项具体的软技能，不如说是他是在用自己的人格和心境凝聚力量，而这让他一次又一次地完成不可能的任务。

我希望马歇尔的故事能帮你更好地把握软技能的深层逻辑，在工作中更好地运用软技能。和你共勉！

21st
LETTER

刘晗

清华大学法学院副教授、博士生导师，耶鲁大学法学
博士。

代表作：

《想点大事：法律是种思维方式》

《合众为一：美国宪法的深层结构》

主理得到 App 课程：

《刘晗·法律思维 30 讲》

《刘晗讲辛普森案》

各位读者朋友：

见字如晤。

我是刘晗，从本科到博士一直是法学专业的，后来也一直在大学教授法律。

当脱不花嘱托我写一封信，和你聊聊软技能这个话题时，我脑海中马上浮现出来的是三个法律界的故事，它们直指你需要掌握的三项核心软技能。

我想先跟你聊聊写作。这还真不是"笔杆子"们的专利。要知道，职场中的写作能把你每一步的工作可视化、成果化，是一根能撬动个人影响力的大杠杆。

有一位法律人的经历恰好能说明这一点——写作不仅为他赢得了个人成功，还让他有机会塑造利益相关方乃至社会公众的认知常识。

这位法律人名叫路易斯·布兰代斯，是活跃在 20 世纪早期的一名美国律师，后来还出任了美国最高法院的大法官。

光听布兰代斯这个名字，你可能还不是很熟悉，但是你肯定听说过今天中国和美国针对互联网平台的反垄断措施。这些反垄断措施在很大程度上都受到了布兰代斯思想的影响。在他的影响下，当今甚至形成了一个反垄断的"新布兰代斯学派"，主张为了公共利益限制大公司和大平台的扩张。

让布兰代斯获得巨大个人成功的一个关键点，是 1908 年的穆勒诉俄勒冈案。

这个案子的案情非常简单：美国俄勒冈州通过了一部法律，规定女性工人最长的工作时间是每天 10 个小时。当地一家洗衣房的店主因为让女工每天工作超过 10 个小时而被罚了款。店主不服，于是就去告政府，还把案子一路打到了美国最高法院。

案子到了最高法院之后，俄勒冈州就要找律师做代理。州政府先找到美国律师协会的一位知名律师，但这位律师拒绝了，因为他觉得根本不可能打赢，甚至连他自己也认为，女性每天工作超过 10 个小时没什么问题。

可以说，这是法律界，以及当时很多精英人士的一种共识和常识。而且，最高法院在 1905 年刚刚判了一个案子，说限制面包店工人工作时间的法律违反宪法保护的契约自由，因此无效。有这样的判例在先，律师的担心也不是没有道理。

于是，俄勒冈州政府又开始寻找新的律师，最终他们接触到了布兰代斯。在这个案件之前，布兰代斯作为律师的名气仅限于马萨诸塞州，外面很少有人知道他。他在接受这个案件时提了两个条件：第一，俄勒冈州政府必须让他完全掌控这个案件，让他作为整个州人民的代表去打官司，而不仅仅是作为法律顾问。第二，俄勒冈州政府必须向他提供大量数据，以证明长时间工作确实会影响女性身体健康。数据中应包括与女性就业和劳动时间相关的信息，还有专业人士对这个问题的看法。

州政府答应了第一个条件，但表示第二个条件很难满足，布兰代斯就打算自己干。他先请他的嫂子在纽约发动了一群助手，让他们在哥伦比亚大学图书馆、纽约公共图书馆查资料、做研究。其中一名助手是医学院的学生，他在找文献的过程中很快发现，美国能够提供的数据有限。布兰代斯随即提示，那就找其他国家的。

最终，布兰代斯汇总了所有资料，写了一份长达 113 页的法律意见书。你完全可以想象，这种长度的法律意见书是非常罕见的。更为罕见的是，在这份意见书中，布兰代斯仅用了 3 页的篇幅来说明法律逻辑问题，其他的篇幅都是用来摆事实的。

如前文所说，由于美国各州的数据有限，布兰代斯大量引用了外国资料。你会在这份法律意见书中看到英国下议院有关提前关闭商店法案的报告、英国皇家卫生研究所的学报、法国地区关于夜间加班问题的报告、德国工厂检查员的报告，甚至还有各个国家的工业统计数据。用今天的话来说，这就是一份大数据研究报告。

布兰代斯想用它们证明，如果女性每天工作超过 10 个小时，受到影响的不只是女性本身——由于女性和男性的生理状况存在差异，并且女性要为社会生育后代，因而整个社会的利益也都因为这些身为母亲的女性而间接受到影响。比如，布兰代斯援引了英国伦敦一名医生写的《婴儿死亡率》一书里的信息——长时间工作导致的身体疲劳会使早产率上升。

布兰代斯想通过这些资料让最高法院的法官们认识到：这才是真正的常识，他们之前的"常识"需要迭代升级。

你要知道，这些大法官身居高位，养尊处优，他们的夫人一般都是不工作的，而他们的儿女如果要工作，工作的环境和条件通常也非常优越；女工的工作环境离他们太远了。当他们看到这些报告，听到法庭上的辩论和展示时，内心感到无比震撼。因为展现在他们面前的是一个他们从未了解过的世界，这就好比很多在大城市长大的人难以想象农村生活是什么样子的。

最终，大法官们认可了布兰代斯的法律意见书，宣判俄勒冈州的法律是符合宪法的。他们在判决书里专门引用了布兰代斯的法律意见书，甚至史无前例地点出了这名律师的名字。这一下子让布兰代斯名声大噪，获得了"人民的律师"的称号。

在穆勒诉俄勒冈案宣判了 8 年之后，布兰代斯被提名担任美国最高法院的大法官，而他撰写的这份引用海量社会科学调研数据的法律意见书，也成了一种体例，就叫"布兰代斯意见书"（Brandeis Brief）。大约半个世纪后，种族平权组织的律师用相同的方式撕开了美国种族隔离的口子——1954 年，在布朗诉托皮卡教育局一案中，律师也大量引用了有关社会学、心理学的文献作为依据，证明种族隔离会对非裔学生的心理造成影响。

最好的写作并非与读者辩论，而是展现其未曾想象过的世界。这或许是"布兰代斯意见书"能为你带来的一大启示。

再来说一项可以展现职场人领导力和综合能力的高层次软技能——危机处理能力。接下来你会在一起经典的法律案件中看到，顶尖的法律人是怎么处理危机，甚至利用本来的危机去改造局面、建章立制的。

这起案件就是美国最高法院判决的第一起宪法大案，发生在1803 年的马伯里诉麦迪逊案。

今天，美国最高法院权力非常大，不但可以决定大大小小的法律案件，还可以裁决总统选举的争议，甚至可以决定女性是否有权堕胎。但最开始的美国最高法院可不是这样。而马伯里诉麦迪逊案，就是美国最高法院"创业史"上的艰难开端——通过这个案件，美国最高法院确立了自己的一项重大权力——违宪审查权。简单来说，就是最高法院可以依据宪法否决国会和各州议会通过的任何法律。

但是，这项权力并不是美国宪法里明确规定的，而是在马伯里诉麦迪逊案中，最高法院自己争取来的。

这个案子究竟是怎么回事呢？基本案情稍微有点复杂，涉及总统换届交班。我们知道，任何一个组织的换届都非常微妙，1800 年美国总统大选则更是如此，因为这场大选是美国历史上第一次出现两个党派竞选的格局，一个是联邦党，另一个是民主共和党。当时联邦党的亚当斯输给了民主共和党的杰斐逊，竞选连任失败，而且杰斐逊所在的民主共和党也已经赢得了国会的大选。可以说，联邦党即将退出美国的政治舞台。

在卸任之前，亚当斯拼命地将本党人士安插进司法系统，一下子任命了几十个大大小小的法官。但是由于换届交班的时间比较紧张，一部分委任状还没有寄出，新总统就上任了。可想而知，新任国务卿麦迪逊立即叫停了这些任命。因此，有一些本来要当法官的人并没有接到委任状。

其中一个叫马伯里的人不干了——明明我已经被任命了，怎么你们一换届，就不作数了呢？于是，他一举把麦迪逊告到了最高法院。巧合的是，这时最高法院的首席大法官，就是之前亚当斯政府的国务卿马歇尔。而他接到这个案子后也非常为难，因为这个案子的被告是新总统麾下的国务卿，马伯里要求最高法院向国务卿下令，强制国务卿给他寄委任状。

如果你在大法官马歇尔的位置上，审慎地判断一下局势，你就会知道自己面临的是一个多难的选择。而最根本的原因在于，当时最高法院的实力非常弱，没有一言九鼎的地位和一锤定音的权力。

弱到什么地步呢？最高法院没有独立的办公大楼；第一任首席大法官发现这个地方压根儿没什么意思，辞职回老家做法官了；甚至在最高法院判决第一个重要案件之后，其他各州联名反对，通过了宪法修正案来和它对抗。这种情况下，最高法院还怎么跟国务卿麦迪逊以及总统杰斐逊来硬的呢？

可以说，原告马伯里给大法官马歇尔和最高法院出了道大难题，这对最高法院而言是一场重大危机。从法律的角度看，无论怎么判决，马歇尔和最高法院似乎都是要输的，因为所有的牌都在人家手里——如果最高法院判马伯里赢，也就是强制要求国务卿发委任状，那国务卿肯定不听。实际上，在这个案子进行庭审时，麦迪逊压根儿没出庭。如果人家不听，最高法院就会遭遇执行难的问题，甚至杰斐逊还会启动弹劾法官的程序，乃至通过修宪废掉最高法院。这样的话，联邦党人的最后一块阵地也就消失了。

如果判马伯里输呢？也不行。因为这样最高法院会给人留下一种墙头草的形象，也就是迫于政治压力，不敢秉公办事。

或许有人会说，干脆不受理不就行了吗？也不行。别人会说，你看你连案子都不敢接，太怂了。最高法院的形象也会大大受到损害。

你看，这件事似乎是个死局。

我们来看马歇尔是怎么破局的。经过一番权衡，他写了一份令所有人都震惊的判决书，里面的逻辑顺序很有讲究。

第一，既然马伯里已经被上一任总统任命了，他到底有没有权利获得委任状呢？答案是肯定的，毕竟已经签字盖章了嘛，委任状具有法律效力。

第二，既然他对于委任状的权利被侵犯了，那么是否应该强制执行呢？当然应该。所有的法律权利都必须得到救济，否则就是一句空话。

第三，关键点来了，应该由谁来下令强制执行呢？是美国最高法院吗？马歇尔表示，最高法院不能这么做。

因为宪法里明确授权最高法院处理的，只有涉及各州的重大纠纷，还有一些涉及外交的纠纷。其他案件，最高法院只有上诉管辖权。换句话说，马伯里必须先从低级别的法院起诉，一步一步地打上来，这样最高法院才能够受理。

对此，马伯里肯定会反驳：不对啊，你看国会通过的一部法律（《司法法》）规定了，这种情况就应该由你们强制执行。而马歇尔在判决书里回应道，不好意思，那部法律的规定与宪法规定冲突了，而宪法更高，因此那部法律的规定无效。

你看，马歇尔悄无声息地搂草打兔子，让最高法院获得了违宪审查权。

或许你还没看太明白。但只要稍作分析，你就会知道这个判决有多么妙。

第一，马伯里本身是个富有的银行家，他起诉麦迪逊肯定不是为了当法官的那点薪水，说白了就是为了面子；他不可能继续层层打官司。最高法院判决后，他会就此作罢。

第二，最高法院虽然没有受理这个案子，但是也批评了杰斐逊违法，给人留下了秉公办事、不畏强权的印象。

第三，最高法院虽然批判了杰斐逊违法，但是没让他承担什么责任，杰斐逊也没话可说。

第四，最高法院还捞到了一项重大的权力，就是以宪法为依据，来审查一切法律是否违背宪法，即违宪审查权。

可以说，马歇尔扮演了拆弹专家的角色，防止了政治危机爆发。**在稍有不慎就会满盘皆输的局面下，他不仅守住了最高法院的基本盘，甚至还借机扩权了。**

马歇尔处理职场危机的方法，或许能给你带来一个启发：不浪费任何一次危机，任何危机都是组织结构重新组合的重大契机；你要有意识地参与到危机所带来的重构当中。

———

最后，我想用我认识的一位律师的故事向你展示，一个人为了提升自己的表达沟通能力可以做到什么程度，以及这项软技能对职场人而言有多重要。

这位律师是我的北大本科同学，名叫刘骁。为了提高英语表达能力，他甚至跑去跟百老汇演员学发音。

先介绍一下刘骁律师。刘律师现在在美国一家顶级律所——昆鹰——做合伙人。如果对跨境诉讼业务略有了解，那你应该知道他的名字。刘律师代理过很多中国企业在美国法院打官司，在圈子里很有名气。而且，作为一位中国籍的律师，他在很年轻的时候就升任了合伙人。

要知道，在律师行业，做诉讼业务对语言的精准性和说服力的要求是最高的，更何况英语还不是他的母语。刘骁是哈佛法学院的博士，毕业后就到了美国一家顶级诉讼业务律所工作，是当时所里唯一的一位中国籍律师。可想而知，他的专业水平很高，英语也很好。

这家律所比较老派，是师父带徒弟的模式。新人进去后，律所会派一位合伙人做他的导师。刘骁的导师是个英国人，也是国际仲裁和美国诉讼领域的知名专家。刘骁在他手下跟着学，也很顺利。

不浪费任何一
次危机，任何
危机都是组织
结构重新组合
的重大契机。

过了半年左右，刘骁请教这位合伙人对自己成长方面有什么建议。合伙人直言不讳地说，你的语言有问题。

他追问，问题在哪里？合伙人继续跟他讲，你写得挺好，说的内容也没有大问题。问题在于，你的口语别人听不太清。但律师说的每一个字都很重要，甚至能决定官司成败。

刘骁接着问，那具体的问题是什么？是我的中式口音吗？合伙人说，口音其实无所谓，在美国，大家习惯了各种各样的口音，真正的问题是发音含混。合伙人举例说，接其他同事的电话，我就正常听，一般都是公放；但如果你打电话过来，我就得把手机放到耳朵边，跟戴耳机似的，这样才能听清。原因在于，你发音的口型不到位，咬字不清晰，得仔细听才行，否则就只能听到八九成，总是差一点。

刘骁迎来了职业生涯中的一次重大挑战。他本来很自信，这下发现了大问题——得从头学英语发音。于是，他到处找攻略。找来找去，有个朋友推荐了一位百老汇演员，她一辈子都在百老汇演歌舞剧和话剧，退休了之后专门做发音教练。刘骁联系到这名演员，去到她家里，演员就让他念了几句台词。

这位老演员听了之后说，你的英语在外国人里算很好的，但这是普通人的发音方式；做律师，就要有律师的自我修养，得按照演员的标准要求自己，字正腔圆，甚至带点朗诵腔，哪怕不用麦克风，整个剧场都能听得一清二楚。

刘律师一下开窍了——放在中国，这可能就是对话剧演员的要求吧，想象自己跟北京人艺的演员一样咬字清晰、自带公放效果。

你看，这首先是个思维转变的问题——要走出自己的日常发音舒适区。那位百老汇演员就说，发音的时候，**如果自我感觉口型和咬字有点夸张，甚至自己都觉得不好意思，那就对了，这样才能做到发音格外清晰，在别人听来刚刚好。**

那位演员举了个例子：很多亚裔说数字的时候，经常让人分辨不出 13 (thirteen) 和 30 (thirty)，因为他们说 thirteen 这个词时，"teen"这个音节拉得不够长。这可能是因为在他们的母语里，每个音节的长度是一样的；但英语不是，所以要故意拉长，甚至有点夸张才能矫正。

刘骁听懂了。他每周花两个小时在那位演员家里，边站着，边像学京剧一样"吊嗓子"，从各个辅音和元音开始练。一个多月之后，他开始练整段的台词。整段话练出来了，那位演员又跟他说，还要有韵律：不是每个词的音长都一样，要有所强调，还要有停顿。除此之外，还要带感情。同一句话，平平淡淡地说，和加入感情说，效果也不一样。

刘骁回忆说，他练的时候经常会觉得不好意思，总是表现不出语气的变化。老演员就有意引导，很正常的一段台词会领着他反复说，让他习惯。最终达到的效果就是掌握更广的"音域"，声音可以变得很大，当然，也可以在声音很细小、很轻柔的情况下让人听得很清楚。

不到一年之后，刘骁有一天跟导师汇报，这位合伙人突然说，你最近的语言好了很多，我不用再竖着耳朵听了。他很好奇这是怎么做到的。

　　刘骁就告诉他自己跟百老汇演员学发音的事情。这给这位合伙人留下了极为深刻的印象。可想而知，刘骁后来的职业生涯迈向了新的高峰。

　　上面的故事，是我这个本科同学在 26 岁时亲历的事情。直到现在，他还时不时地"吊嗓子"，并且不断提醒自己：沟通表达是需要终身学习的软技能，不能半途而弃。

22nd
LETTER

第二十二封信

下一代需要什么软技能

沈祖芸

沈祖芸

教育专家、学校组织变革专家，曾为北京十一联盟学校、上海新优质学校共同体、北京名校长领航工程等进行战略发展规划。作为中国新学校研究会副会长，研发了校长培养系列创新课程，每年培训 100 多位中小学校长。

代表作：
《变革的方法》

主理得到 App 课程：
《沈祖芸全球教育报告》
《沈祖芸·组织变革 20 讲》
《沈祖芸·小学生家长必修课》

亲爱的读者：

通过阅读本书前面的内容，我相信你已经很清楚哪些软技能会让你的个人成长跑赢价值通胀了，我也很确定你会将这些软技能运用在工作中，以便获得更好的职业发展。此刻我提笔给你写这封信，是为了你的另一重身份——父母。

作为一名教育研究者，我想先提醒你关注一项长期战略规划：中国宣布要在 2050 年实现全面现代化，建成学习大国。这意味着什么呢？你可以参考表 22-1，看看到 2050 年中国实现全面现代化的时候，自己的孩子是几岁。

表 22-1　孩子出生年份、年级和 2050 年年龄对照表

出生年份（年）	2023 年秋季年级	2050 年年龄（岁）
2017	一	33
2016	二	34
2015	三	35
2014	四	36
2013	五	37
2012	六	38
2011	初一	39
2010	初二	40
2009	初三	41
2008	高一	42
2007	高二	43
2006	高三	44

也许你的孩子现在正在读小学、初中或者高中，但到 2050 年，我们都将生活在由他创造的世界里。所以我经常说，未来触手可及，它就在今天的学校里，在你的家庭中，在你孩子身上。

此刻，你可能会感到一股紧迫感涌上心头。凭你的人生阅历，我相信你一定清楚未来再也不是那个"学好数理化，走遍天下都不怕"的时代了——很多传统行业正在消失，而新职业尚未被发明。在这种不确定之下，哪些软技能可以像帮助你在职场取得长足发展一样，帮助你的孩子从容不迫地面对未来呢？

在这封信里，我会为你介绍两个最底层的能力模型，它们能让你的孩子在面对外部世界的挑战时，成为一名问题解决者，也能让他在处理内心世界的议题时，成为一个可以很好地调节自我的人。

在外部世界的挑战面前，为什么要锻炼解决问题的能力呢？

你肯定已经感受到了，这个世界不再是按照领域划分的，而是由各种各样的挑战组成的——不管你考出多高的分数，如果不能解决真实世界里一个个具体而复杂的问题，不能将所学所思转化为应对挑战的解决方案，你很快就会产生一种危机感。

举个例子。一个毕业于法律专业的高才生，进入律师事务所工作后发现：自己遇到的真实挑战是如何高效地搜集材料，如何让同事愿意与自己合作，如何快速跟客户建立信任关系……他需要的远远不止打官司的硬技能，更要调动以往的经历，联结各种资源，还要学习很多新东西。

再举个例子。一个中文专业的毕业生很快会意识到，世上根本没有那么多作文大赛可以给他参加。作为职场新人，他首先要做的是给某产品写个文案，给某公众号的文章排个版，给领导的某次演讲做个 PPT。而要把这些事做成，单凭写作能力强是远远不够的，他还要与产品经理沟通，研究公众号面向的受众需求，站在领导的角度换位思考，等等。

这就是我们这个时代正在发生的变化——知识的门类和专业分工的边界越来越模糊，对人解决具体问题这一能力的要求却越来越高。

如果你希望孩子成为一名问题解决者，你就要从小培养他解决问题的能力。我要给你的第一个能力模型叫作挑战的基本结构模型（见图 22-1），它能让你的孩子在突破挑战的过程中形成解决问题的能力。

图 22-1 挑战的基本结构模型

我们经常说"挑战"这个词，但到底什么是挑战？**挑战其实是激发一个人做出某种行为的邀约，包含定义问题、解决方案、实施过程和成功标准四个要素。**也就是说，如果孩子能先明确需要处理的任务，再通过设计解决问题的路径、方法或程序，最终形成一项符合成功标准的解决方案或产品成果，他就接受了邀约，完成了一次挑战的闭环。

我想带你去一个真实场景中，看看如何应用挑战的基本结构模型。我们把目光投向北京未来城学校：学校七年级的几个孩子发现，校园里散养的两头小鹿会随意啃食人工草皮。他们把这个情况反映给老师以后，老师将其设计成学习任务，交给七年级的孩子们解决。

好，挑战来了。参考挑战的基本结构模型，孩子们先从三个维度完成了对问题的定义：

- 为什么这是一个问题？
- 如果不解决这个问题，会产生什么后果？
- 从哪些方面可以看出，这个问题值得我们想办法解决？

孩子们发现，刚过断奶期的小鹿食量大增，而长期食用人造草皮，不仅会对它们的身体造成不可逆的损伤，还会影响校园生态。如果能把这个问题处理好，不仅有利于改善校园环境，还可以为那些存在同类问题的学校提供"人—动植物和谐共处"的解决方案。

　　为了解决这个问题，孩子们的第一反应是调用已有的知识；一看已有的知识不够用，就主动去发现新知识。这个阶段，他们会用下方的思考清单探索可行性方案：

　　・你能想到多少种解决问题的方法？

　　・怎样才能让较为薄弱的想法变得更有力？

　　・你能在自己最有力的想法中找到一处较为薄弱的地方吗？

　　・在与你的伙伴分享想法时，他说了什么？

　　・你给伙伴的想法提供反馈后，这些反馈有没有帮你重新审视自己的想法？

　　・能找到这方面的专家来评价一下你的想法吗？

　　这张思考清单能帮助孩子们判断出哪些方案可行，更重要的是，它会激发他们从不同角度看待同一个问题，并学会快速切换思考方式。比如，自己想法中最薄弱的部分 vs. 自己想法中最有力的部分，自己的想法 vs. 同伴的想法，自己的想法 vs. 这个领域专家的想法，等等。

　　经过这番思考并产生最优方案以后，孩子们就要采取行动了。这时候，他们会把下面这张行动清单贯穿在自己的行动过程中，这能让他们不断靠近"把一件事做成"的目标：

　　・你可以从哪里入手？

　　・要怎样才能知道你行动的方向是正确的？

· 在实施过程中，你能向谁求助？

· 如果第一个想法行不通，还有哪些可行？

· 怎样评估自己有没有接近预期目标？

面对小鹿随意啃食学校人工草皮的挑战，这些孩子不仅提交了十多份可行的解决方案，还把行动过程中应该规避的误区和应该吸取的教训也总结了出来。因为按照挑战的基本结构模型，在结束这项学习任务时，他们需要把成功标准和自己实际的解决方案进行对照，总结出相应的经验——假如再给我一次机会，我会保留什么、放弃什么。毕竟，挑战中经历的挫折与失败也能让他们学到很多。

而且，为了解决这个挑战，孩子们要学习动植物的生活习性，掌握实验和调查研究的方法，主动向动植物专家、校内学生和教职工发起沟通，等等。你想，解决了这个挑战，动物的生活习性、抽样、设计调查问卷等基本的知识和技能，他们是不是也都掌握了？原本要通过生物、数学、社会等课程实现的教学目标，是不是也都达到了？

孩子们一直在"调用已知—掌握新知—构建个人知识体系"，而他们解决问题的能力也在这个过程中得到了培育。

你发现没有？所有可被拆解的能力都是能够培养的。如果孩子从小学到高中一直在经历这样的挑战，他们就不会惧怕未来世界的不确定性，因为他们早就形成了一套自己的解决方法或程序。

我们再来看看，怎样培养孩子的自我调节能力，让他们能够妥善处理内心世界的议题。

今天的孩子所面临的压力远超你我的想象，除了学业上的重担，他们还要满足父母对于"这个年龄的孩子应该怎样"的角色期待。而通常，孩子实际承受的压力与父母对他们压力的感知有很大的差异。有数据显示，33.3% 的孩子说他们感到压力很大，但只有不到 5% 的父母能意识到这一点。

所以，你的孩子比任何人都需要成为一名自我调节者，发展并持续提升自我调节力。我认为它和解决问题的能力一样，都是面向未来的孩子需要掌握的软技能。你可以先用下面这些关键词来"画个像"，看看具有自我调节力的人都有哪些特质：

- 能对自己的学习或工作负责；
- 能调整学习的策略；
- 能不遗余力地做一件事；
- 善于创造学习环境；
- 必要时能寻求帮助；
- 能在学习中寻找个人价值、关联和兴趣；
- 能将失败作为学习工具；
- 拥有有效的学习习惯；
- 能管理好自己在现实世界和虚拟世界中的角色。

前面提到过，凡是可被拆解的能力都能通过策略、方法和模型进行培养，自我调节力也是如此——我给你的第二个能力模型（见图 22-2），就是通过启动情感、改变行为和提升认知来帮助孩子发展自我调节力。

图 22-2　发展自我调节力模型

在这个三角模型里，我猜你应该想从改变孩子的行为入手，比如督促他快写作业、马上停止打游戏、把古诗背给亲戚朋友听、上课要积极举手发言……但这样做，孩子可能会软硬不吃，而你必然会为此感到苦恼。

其实，孩子的行为是被模型底部的情感开启的。这是因为，他们做出的所有行动都取决于对以下三个问题的确认：

· 我喜不喜欢这件事？
· 这件事对我重要不重要？
· 这件事我能不能做好？

如果回答都是肯定的，孩子就会主动、自觉地投身行动。

我曾在上海一所小学见证过一个孩子的改变。这个孩子叫小马，读四年级，当时正在学习怎么把分数化为小数。和小马同组的小伙伴迅速掌握了这个知识点，并对一旁的小马说了句"你太慢了"。这句无意的话让小马开始怀疑自己的能力，感觉自己糟透了。

小马班上的张老师很快注意到了这个问题。她并没有挑剔小马的运算能力，而是带他到校园的喷泉池边散步，并试图在散步中转移他的注意力，引导他想想数学以外的事，比如足球比赛进行得如何，放学后打算做点什么。当小马返回课堂时，他能够调节负面情绪了；他的分数转化运算比之前快了许多，而且他很愿意分享自己的解题步骤。

我们经常忽视开启孩子情感开关这个步骤，但事实上，这是发展孩子自我调节力的第一步。在此基础上，你还要关注一个问题：**孩子自我调节力的发展不能靠"说教"，它应该像解决问题的能力一样，用一个个有意思的学习任务来承载。**

我给你看看北京第一实验学校正在探索的学习任务案例：

- 为家人写传记，描写一段他不为人知的特殊经历。
- 班里养了一只乌龟，请代它写一周日记，并回家讲给爸爸妈妈听。
- 作为电影院的义工，设计一套帮助视障者看电影的方案。

· 为"死去"的元素写一份讣告，讲讲这个元素的"生平事迹"。

· 《简·爱》的作者夏洛蒂·勃朗特认为简·奥斯汀在《傲慢与偏见》中对人物内心世界的描写不够，于是两位作家发生"论战"，在文学评论杂志上接连发表文章。你作为杂志主编，为这个"论战"栏目写一个编者按。

你发现没有，这些学习任务都是从调动孩子的情感开始的。也就是说，在孩子可及的生活半径内设计有意思的任务情境，触及他们的同理心，让他们完成对前面说的三个问题——"我喜不喜欢这件事""这件事对我重不重要""这件事我能不能做好"——的确认，投身学习任务。

这个时候，孩子们会用自己的方式明确学习目标，规划学习进程，并保持足够的好奇心与专注度。他们会学习如何与他人协商分工，会克服各种障碍来接近预期目标，还会监控和调适自己的学习进程。无论是学习知识和技能，还是反思、评估自己的学习过程，都说明孩子在任务中完成了认知的迭代升级。

如果你的孩子在中小学阶段就能经历这样的学习任务，那么进入职场后，他会很习惯给自己设立目标，管理自己的工作进程。这里，我也梳理了一份清单给你，你可以结合这几个事项，在日常家庭生活中设计学习任务，培养孩子的自我调节力：

· 任务应该与孩子的兴趣、生活和过往经历密切相关。

·明确任务的目标，让孩子清楚地知道该做什么、能得到什么。

·任务尽量是真实可靠的，这样孩子就不会觉得自己是在应付，而会觉得自己是在通过学习获得一个有价值的结果。

·为孩子提供充分的选择——当孩子对任务有掌控感时，他会更加重视自己所付出的努力。

·告诉孩子任务不只有一个正确答案或者一种正确方法。

·把孩子的学习成果作品化或者产品化，激发他的内驱力。

前面我们说过，一个拥有自我调节能力的人善于管理自己在现实世界和虚拟世界的身份。你应该特别关注这一点，并把一部分学习任务放在虚拟世界开展。比如，跟孩子一起戴上 VR 眼镜进入元宇宙世界、用 switch 完成一次"健身环大冒险"等，在任务中锻炼他们调节自我的能力。

无论是在虚拟世界中，还是在现实世界中，你的孩子都会成为一个终身学习者，一个有能力给自己和他人创造快乐和幸福的人。

100 年前，教育家杜威说："如果我们用昨天的方式教今天的孩子，就是在剥夺他们的明天。"我在这封信里与你讨论解决问题和自我调节这两项未来社会看重的软技能，其实是想把孩子们的未来生活与今天的学习联系起来，"用未来的方式教今天的孩子"。

有这样一句流行语，"未来是一个 VUCA 时代"。很有意思的是，对 VUCA 的解读有两个版本。在一个版本中，VUCA 是 Volatile（不稳定性）、Uncertain（不确定性）、Complex（复杂性）和 Ambiguous（模糊性）的首字母缩写，它构建的是一个人与外部世界的关联；但在另一个版本中，它是 Vision（愿景）、Understanding（理解）、Courage（勇气）和 Adaptability（适应）的缩写，更多地关照了一个人的内心世界。

你会发现，前者需要用问题解决能力来积极应对，后者则需要通过自我调节能力去把握主动性。因为我们知道，"未来不是我们要去的地方，而是我们正在创造的地方"。

23rd
LETTER

老鸟怎么跟新手打交道

刘擎

刘擎

著名学者。华东师范大学教授、世界政治研究中心主任。研究方向包括政治哲学、西方思想史、现当代西方思潮与国际政治问题。

代表作：

《刘擎西方现代思想讲义》

《2000 年以来的西方》

《做一个清醒的现代人》

《悬而未决的时刻》

主理得到 App 课程：

《刘擎 · 西方现代思想》

《刘擎 · 年度思想前沿报告》

读者朋友惠鉴：

作为一名教师，我偶尔会受到"口才好"的谬赞，也有年轻教师和学生向我问询"口才的秘诀"。我对这个问题并没有完整的思考，今天依据自己的经验与你分享一些心得，主要是想澄清关于沟通表达可能存在的一些误解，也试图阐明其中重要却容易被忽视的几个问题。

沟通表达是一种通用能力，应用于所有社会生活场景，构建了个人与社会之间主要的界面。虽然它的重要性已为人熟知，但要想掌握这种能力其实并不容易。诗人罗伯特·弗罗斯特说这个世界由两部分人组成，"一半人有话可说但力不从心，另一半人无话可说却喋喋不休"。这种说法虽然言过其实，却也提醒我们：有话可说又能讲得好的人，确实不可多得。

何以如此？因为沟通表达是一项软技能。

在我看来，软技能的一个重要特征在于，它在外观上显现为具有功效的能力，可以用来应对具体问题或达成某种目标，但构成这种能力的"内里"却是一种隐性的"素养"。**通用性高的软技能往往要求综合的素养。沟通表达能力就是如此，它是认知、情感与思维品质的综合显现。**

有些人误以为沟通表达能力是所谓"口才"问题，夸一个人会说话，就是"口若悬河""伶牙俐齿""三寸不烂之舌"之类，听上去像是医院口腔科的业务。但这是一种误解。观察得稍微细致些就会发现：不少职业播音员未必具备高超的沟通能力，而有些声音嘶哑、带有方言口音的教师的言谈却总能引人入胜。也就是说，**口齿清晰、发音准确，甚至声音动听，这些容易识别的显性指标并不是良好沟通表达的充分条件，甚至不是其必要条件。**

当然，显性指标的改善有助于提升沟通表达能力，但真正重要的是隐性综合素养的提高，这需要长期培育。这里说的"培育"，更接近植物学意义的"养成"，而不是机械工程式的"锻造"。

再来说软技能的另一个特征，它其实是一种"know-how"（知道如何做）。像游泳、开车或滑雪的能力，不是靠阅读教材、说明书或操作手册获得的，必须在实践中反复训练才能逐渐掌握，而一旦习得又能够内化为素养，几乎终身不会遗失。

因此，我们不必将隐性的素养神秘化，它是可教可学的，也应该勤于练习。

接下来，我主要谈谈在沟通表达这项软技能中容易被忽视的问题。这些问题几乎会出现在所有沟通情景中，但在老手对新手的交谈中尤其常见和明显。为什么呢？

一般而言，我们与领导或师长谈话时，大体上比较慎重，也会做充分的准备。而与下属或新手交谈时，我们出于自身的优势地位，觉得轻而易举，往往表现得比较随意，但这样其实更容易暴露沟通表达的问题。

所以，如果可以保持敏感并且足够重视，在与新手交谈这种心态相对从容的场景中，我们反而有更多探索尝试的空间，更有机会从中提升自己的沟通表达能力。

我自己的体会源自做教师的经验。教师与学生交谈的特点，也可以延展到上司与下属、师父与徒弟等资深人士与初学新手交谈的情景。以下这几点心得，不可视为操作手册，至多可以带来一些启发，供你参考。

我想先和你聊"听与说"的关系。

所有沟通表达都是双向的，即便讲课和演说也隐含着互动交流。听与说同等重要，听有时甚至更重要。因为表达总是要指向具体情境中的特定听者（受众），一个人如果缺乏"听懂"的能力，就几乎不可能做出高水平的表达。

听懂的能力与听者的心态——耐心和善意——有关。我们通常会认真聆听比自己资深者的言谈，而对新手或下属缺乏倾听的意识。但一般而言，由于新手的表达力相对较弱，与新手交谈恰恰更需要倾听和理解。

在这里面，澄清的能力是一个关键。出色的听者能够帮助言说者澄清自己：揭示其思考默认的前提预设，分析其推论过程的逻辑环节与融贯性，阐明言说者自己也未必能明述的意思。在交谈的过程中，听者往往需要用简洁的提问来促进言说者表达。

比如，一家公司在筹办一场大型演讲活动，突然受到不可控的因素影响，只能改成线上活动。在对策讨论中，一个新手建议取消这场活动，观点很明确：改成线上活动失去了原本的门票收入，而投入的成本没有显著降低，结果只能是亏损。作为听到这个观点的人，你如果追问一句：为什么结果是亏损就要取消活动？他很可能会回答：亏损不符合公司利益啊，这不是很明显吗？这时候你就会发现，新手的意见有个默认的前提：创造利润是公司唯一的或至上的利益。

但这个前提预设需要被再次讨论、澄清。因为"利益"并不自明，总是对照着自身的"重要性指标框架"才能确定。和个人一样，公司的重要性指标依赖于一套价值观，其中利润（尤其是即刻的收益）必须与自身信奉的其他价值（愿景、承诺和声誉等）摆在一起综合评估，因此利润未必就具有优先性。

这个例子比较明确简单，而在更复杂的情况中，澄清问题要求你具有格外敏锐的洞察与认知素养。无论如何，听与说在交谈中同等重要。沟通表达能力出色的标志在于，**作为听者，你能理解表达能力较弱一方的言说；而作为言说者，你能让理解力较弱的一方明白你的意思。**

▬

接下来的讨论关涉对创新的判断。

许多行业的工作在项目设计或方案构想中，常常会面对创新性与可行性之间的矛盾。通常创新程度越高的项目越有价值，但也越困难，实现的可行性也越低。相反，容易操作的方案，创新性可能就稍显不足。新手面对这个问题，往往会左右为难。

经验丰富的从业者更熟悉行业的状况及其来龙去脉，具有判断的优势。所以，与新人沟通交流时，你要帮他把计划或目标放到一个更大的框架中，从而做出更准确的评估。你也可以为他提供更多的可行性方案以供选择，从而将计划调整到一个创新与可行的最佳平衡点。

这是比较常见的做法，平均水平的沟通者就可以完成。我的一个提醒是，这种常见做法有可能埋没才能出众的新手。

举个例子。我们西方思想史专业的研究生，论文的选题可能是研究一个思想家。作为导师，我们对学生将伟大思想家作为研究对象的想法非常谨慎，因为就霍布斯、卢梭和康德这样的大思想家而言，中外学界既有的研究已经浩如烟海，很难有创新之处。然而，有一名学生从牟宗三先生对康德的阐释中发现了新的线索，经过与导师艰难而反复的沟通、商谈，他大胆地把研究康德作为选题，最终完成了一篇相当出色的论文。

我用这个例子是想说明，**资深者有时需要用格外开放的心态去看待新手的"鲁莽"，因为经验丰富的优势有时会变成过于保守的局限**。这个道理听上去很简单，但实践起来并不容易。

比如在影视剧编剧等创意写作行业，老手时常会遇到热衷于奇思异想的新人，那么，如何才能分辨虚妄的幻想与真正有创新潜力的想象呢？这是一个难题。

老手可能熟知成百上千部经典作品和其中的精彩桥段，但仅有丰富的经验储备还不够，你还需要在沟通交谈中，让你熟知的经典与新人的"好主意"真正产生碰撞，并发现它们之间的关联、相似和反差。如果新手的创新是在"接续"（包括以反叛的方式）和"致敬"经典，那么他的主意就可能引向真正的创新。在这个意义上，与新手交谈往往是教学相长的历程。

———

我还想跟你聊一聊在交谈中，情与理的关联问题。

沟通表达常常被化约为理性的能力。的确，认知水平与逻辑推论是沟通的要素，但即便是"讲道理"也不是纯然理性的，它需要情理交融。

"理性"在英文中有两个对应的词——rationality 和 reasonableness。rationality 指普遍的合理性，主要涉及一般原则。单凭这种理性展开交谈，比较抽象而空泛。实际有效的沟通，无论是分析问题还是说服对方，往往需要切近地针对问题特定的背景，或者对方所处的具体环境。这时的理性，即 reasonableness（我译作"通情达理"），指能够做到换位思考，并依据对他人利益可能造成的影响来沟通。

让我们想象一个场景：部门领导突然需要下属在休息日加班，而这个下属已经约了朋友要在那天聚会。这时，下属同时面临着两项普遍原则的要求：一是要对朋友信守承诺，二是要服从领导的命令。这两个原则发生冲突，在抽象层面无法解决孰轻孰重的问题，或者说单凭理性（rationality）无法给出优先性排序。那么，有效的沟通就需要介入特定的背景信息：这次聚会对他有多重要？突然而来的工作任务是否非他不能做？……结果领导得知，这个下属是要接待一位远道而来、多年不见的老师，这位老师已经年迈，并且是他生命中最重要的启蒙者，于是另外安排了其他人加班。

你会看到，**共情在沟通中发生了作用，使原本冲突的抽象原则在具体情境中获得了合理的优先性排序。**

在和新手交流时，资深的师长需要明察新手的情绪纠结。而针对具体情境的有效沟通，"晓之以理"几乎总是伴随着"动之以情"，故此才能做到通情达理。

━━━

再来说沟通中个人品格的意义吧。

交谈者的态度主要由其品格决定。尊重、善意、诚恳……这些品格都是关系性的，只能在人际交往中培育，日积月累沉淀为内在的品格。

在与新手打交道的过程中，更有可能显露和检测你实际的品格。比如，苛刻的要求或者严厉的批评，是否能用温和的语气或幽默的方式来表达呢？其实这也决定了你的沟通表达在多大程度上具有感染力。

在领导力培训中，提高情商是重要的目标之一。但情商究竟是什么意思？是品格养成还是技巧训练？品格是内在的，而品格的显现既可以是由内而外的自然流露，也可以通过技巧和话术来提升。真诚与显得真诚可能一致，也可能是两回事。

那么，情商技巧的训练总是一种"社交化妆术"吗？未必。内在品格和外在沟通表达，这种内与外之间的关系可能比你原先想象的深刻。

　　比如，在一些情商训练项目中，培训师会提供一套技巧话术，你在训练一开始仅仅关注这些技巧的功用价值，不太走心。但可能有一个时刻，你发现如此待人接物，不仅给你带来了好处，你的自我感受也更好，你更喜欢这样的自己，那么技巧训练就有可能转变为品格养成。

　　你确实可以通过训练来"表演真诚"，甚至让人信以为真。但如果要在更长远的时段、更广泛的场合让大多数人相信你的真诚，那些不走心的表演就会变成一场又一场的苦役。在这个意义上，抵达"显得真诚"的最佳途径可能不是训练表演技巧，而是训练自己成为一个更真诚的人。

　　━━

　　以上讨论的沟通中容易忽视的四类问题，显见于老手与新手的交谈情景，但如同我在最开始提到的，它们在许多沟通活动中也普遍存在。最后，我想在更为超越的层面表达一个看法：我们来到世间无非"谋事成人"，而沟通表达不仅有助于"谋事"，还能帮我们"成人"。

　　就此而言，软技能这个术语似乎足够清晰，却也可能遮蔽了沟通表达更深刻的内涵。什么意思？它的确是一种重要技能，但仅仅视其为技能可能仍然狭隘——沟通表达不只是有助于我们解决问题或达成目标的技能，它更重要的意义可能在于其具有内在价值，因为交谈本身就是一种生命活动。如果一定要说是能力，它也应该被视为促进生命繁盛的能力。

　　亚里士多德说，"人天生是城邦（政治）动物"。这句话不只

更加卓越的沟
通能力，意味
着更加丰沛的
生命历程。

是想表达人类是群居的物种，其实也是在说人类是不自足的，只有在城邦的生活中才能成为更充分意义上的人。在亚里士多德看来，恰恰是言谈的能力和实践这种人类独有的特征，使人得以成为城邦动物。

任何个体的生命都并不具有固定的本质，都处在不断生成的历程之中。我们的生命总是未完成的，并总是有待成长，而这种成长的历程不可能由个体单独展开。人是唯一自觉到需要与他人交往的动物，而与他人的交往是个体自我的构成性因素。更加卓越的沟通能力，意味着更加丰沛的生命历程。就此而言，沟通本身就是生命成长的活动，使我们生生不息。

24th
LETTER

把饭局作为修行

傅骏

傅骏

丰收蟹庄创始人，上海海派菜文化研究院院长，江湖人称傅师傅。

主理得到 App 课程：
《傅骏·美食鉴赏 15 讲》

亲爱的朋友：

这封信题为"把饭局作为修行"，就从一场饭局说起吧。

1929 年 8 月 29 日晚，在外面吃完饭回家的鲁迅带着几分怒气，在日记中写下了这样一段话："……同赴南云楼晚餐……席将终，林语堂语含讥刺，直斥之，彼亦争持，鄙相悉现。"

林语堂那边也在日记中写道："……与鲁迅对骂，颇有趣，此人已成神经病。"

两位大文豪出席的这场饭局，场面竟然很是尴尬。

在我看来，出席饭局，无论如何都不应该与人吵架斗殴。如果组局的人是我，更要及时制止此类不幸事件的发生。

我们已经进入现代文明社会，鸿门宴几乎不可能再有。普通人的一生之中，遇上"杯酒释兵权"的饭局，亦属极为罕见之事。

我有限的人生经验里，出席或组织的饭局，绝大多数都以宾主尽欢为结局。

罗振宇老师邀请我写这封信，和你聊聊饭局上有哪些软技能。他说："反正我和你吃饭，感受到的不仅是对厨艺的了解，更是对食物人文背景和现场情绪节奏的精妙把握。"

我理解，罗老师布置给我的作业，就是教会年轻人如何通过吃吃喝喝赢得更好的人际关系。

前不久，留学多年的儿子硕士毕业，归来陪我。我太太和女儿仍在伦敦，上海家里就我们父子俩。我做他吃，吃完聊天，循环往复，日久生情。

这封信接下来的内容，都是我和儿子边吃边聊出来的，希望对你也有所帮助。

——

年轻朋友初入社会，事业还没有取得成功，不太可能自己组局大宴宾客。如果你已是能花几千、几万元请客的玩家，请就此停住，不用再看下去了。

我以为，年轻人能参加的饭局，大部分属于社交饭局，少部分属于牟利饭局，饭局上面临的问题也各不相同。这里就花开两朵，各表一枝。

关于社交饭局，核心问题是你买单还是朋友买单。

尽管古人云"君子之交淡如水，小人之交甘若醴"，但绝大多数现代人的关系就是通过吃吃喝喝来维系和巩固的，而其中最核心的问题就是谁来买单——谁多买单，谁就更够朋友。

我是上海人，20 世纪 90 年代初，第一份正式工作在一家跨国广告公司，各国同事之间吃饭习惯 AA 制。这是好习惯，目前在上海的年轻人之间已经很流行。

但这毕竟是少数。在我们的文化里，谁多买单总是好的，谁少买单总是不好的。所以接下来要讨论的是：如何多买单，还不让朋友感到有压力？如何少买单，还让朋友觉得你不讨厌？

能够多买单，当然是好的，但不要太嚣张。不就是多吃了你几顿饭吗？何必天天挂在嘴上显摆自己呢？这多讨厌啊！

正解是这样的：

·饭局中间，悄悄把单买了，然后说自己最近发了一笔意外之财，云云。

·编一个理由，请朋友吃饭，但不要说是你生日、纪念日啥的，免得人家有送礼的压力。

·你买单，但不要当主角；让朋友多说说，你多听听。

·你买单又组局，请来的朋友们务必层次相当、三观一致，彼此之间有所共鸣、有所帮助。

▬

如何少买单，还让朋友觉得你不讨厌？

有一种软技能叫作"点菜"，在少买单的情况下你必须学会。

我在得到 App 的课程《傅骏·美食鉴赏 15 讲》中讲过如何安排一桌完美的宴席，其中有"四步点菜法"：

·研究招牌菜。一家饭店，真正好吃的菜就那么几道，其他很多都是凑数的。不要点一桌子不搭界的菜，吃很多乱七八糟的东西。如果这家饭店的招牌菜你们都没有吃到，那岂不就是瞎吃了？

·以招牌菜为主菜，围绕主菜搭配辅菜——辅菜是为了烘托主菜的。注意：荤配素，干配湿，浓配淡，冷配热。总之，突出主菜，其他任何菜都不能把主菜盖过去。

·注重上菜的速度与节奏。中餐行话"一热顶百鲜"，热菜一定不能凉，凉了就风味尽失。所以上菜时要讲究先后顺序，起伏节奏。你可以自己按冷热、荤素、浓淡，把一道道菜的先后顺序依次排好，要诀是：**把味道最好、价格最贵的招牌菜放在整张菜单的倒数第二位，最后是一道衬托的辅菜；把味道其次好、价格其次贵的招牌菜放在冷菜之后第一道，然后跟一道衬托的辅菜。开头和结尾，已经有四道菜；中间的其他菜，就看你自己的悟性了。**

·菜单排布好，你就要放大招了。让服务员把餐厅经理叫过来，非常认真地、义正词严地嘱咐道："热菜出锅后，立刻送过来，绝对不能凉；按排好的顺序上菜，先后绝对不能乱。就这两条要求，任何一条做不到，一律退菜！"

这张特殊要求的菜单，保证会转到厨师长手里。他一定会被惊到，然后要求团队打起十二分精神，把这桌客人照顾好。

传说中美食圈的高手，之所以能在陌生饭店"点菜点到大厨跳"，用的就是这"四步点菜法"。我正式传授给你了。

多练习，多用心。一旦朋友们公认你是点菜小能手，吃饭聚餐就会想到你，你买不买单就不重要了，因为你对大家能有所贡献。

良好社交的根本，是让朋友觉得你有价值、对他有帮助。你懂吃懂喝，能够安排一桌完美的宴席，这无疑是一项非常重要的软技能。

━━

既不想买单，又不会点菜，但是朋友们仍然愿意请你吃饭，可能吗？

我年轻时在大兴安岭做人类学的田野调查。在当地鄂温克猎民的部落里，我发现有一位年轻人，既不擅长打猎，又不愿意劳动，在我看来就是个好吃懒做的小混混。但就是这样一个人，受到了族人的爱戴。我问：这是为什么？大家回答说：唱歌、跳舞、讲故事，他都行！他让我们太开心啦！

灵魂足够有趣，也可以白吃又白喝。Can you do it? 哈哈。

关于牟利饭局，你应该关注的核心问题是如何让对方感到备受尊重。

在《论语·乡党篇》中，孔子说道："有盛馔，必变色而作。"意思是：饭局之上，如有大菜、硬菜，需做相应的表情，来感谢主人的盛情。

"饭局不是万能的，没有饭局是万万不能的。"通过饭局牟取各种利益，用一个很传神的词形容就是"勾兑"。而所有"勾兑"都建立在让对方感到备受尊重之上。两千多年前，孔子讲解得很清楚。

今天，初入社会的年轻人一步一个脚印，在专业领域打好基础，这当然很重要。而除此之外，还有两条捷径你要把握好：会议和饭局。

工作之中，你会出席各种会议。如果表现出色，领导自然会对你刮目相看。得到 App 上有很多介绍如何开会的书和课，你可以自己去学习，这里就不再赘述了。

通常情况下，领导觉得你不错，才会带你出席饭局。第一次你表现出色，就会有第二次、第三次……领导如果愿意多次带上你，恭喜你，你的机会来了。

但问题是，你准备好了吗？

我给你以下几点建议，提醒你注意：

·衣。领导带你出席饭局，饭局上还有其他人，通常是他的客户、伙伴、朋友，领导肯定希望你替他长脸。衣着整洁舒适、得体大方是必须的。当然，不同领导各有偏好，他喜欢保守你就保守，他喜欢开放你就开放。总之，要比平时更好看，让对方有眼睛一亮的感觉。

·坐。在孔子的故乡山东，儒家文化传统深厚，讲究饭局的座次。其他地区的规矩虽然没有那么严格，但也绝对不能乱坐。你应该听从领导安排，他让你坐哪里你就坐哪里。还有，如果整个饭局数你最年轻，那么你应该等所有人都落座之后再坐下，这是起码的礼貌。

·吃。领导带你出席饭局，你要明白这并不是去撮一顿，而是去演一场。切忌尽挑好的吃，吃到别人没得吃。一定要管住自己。俗话说，"吃相难看"，这是一个很严重的贬义词。总之，你千万不能给领导留下这个印象。

·说。一般情况下，领导的饭局轮不到你说什么，除非领导主动提议你说。但你又不能光吃不说，这样很难给人留下印象。我认为此时会听比会说更重要，你不要闷头吃喝，而要认真听领导在说什么。总之，能把领导的话给接上、说圆，你就成功了。

李肇星回忆，当年钱其琛外长任命他当外交部发言人，他很紧张，求教老师季羡林先生，先生送他九个字："不说假话，真话不全说。"豁然开朗。

牟利饭局上固然有表演成分，但为人处事还有底线应该遵守，有所为有所不为。

上面讲的是领导带你出去吃饭，如果条件允许，你还可以自己在家里准备一桌饭，邀请领导和同事出席。只要你真心、用心，大家都是能感受到的，这非常有利于在职场上建立良好的人际关系。

———

除了社交和牟利，最后不得不提的一种饭局，是敬老饭局。

说到底，饭局是人际交往能力的综合体现，而人际关系的最底层是与自己父母的关系。回家陪父母吃饭，不需要你买单，也不需要你表演，只要你坐在那里，父母就开心了。

当今的中国父母，几乎是全世界最好的父母——他们竭尽全力为孩子付出，却不奢求回报。不能陪自己父母好好吃顿饭的年轻人，很难学好如何参加饭局这项软技能。这好比习武之人，根骨不正，难以教化。

都说人生是一场修行，什么是修行？

我认为是把自己不喜欢的，但又应该做的事情做好；既然能做好，那就多做做，做成自己擅长的，甚至喜欢的事情。

人生在世，吃饭是必需的，饭局也是必需的，修行更是必需的。祝愿各位年轻的朋友日益精进，前途无量。

25th
LETTER

第二十五封信

把别人工作的时间用来喝咖啡

东东枪

东东枪

曾任某国际 4A 广告公司创意总监，并曾在国际快速消费品公司、科技公司、互联网公司从事营销、广告及创意类工作，拥有 10 余年一线创意文案经验。

代表作：
《文案的基本修养》
《六里庄遗事》

主理得到 App 课程：
《跟东东枪学创意文案·30 讲》

读者朋友惠鉴：

我写这封信，是想跟你聊聊如何在工作中偷懒。

以前听过一种说法，"懒惰是人类进步的阶梯"，意思是，人类进步全靠那些懒惰的人自己瞎折腾——有人懒得走路，就发明了汽车；有人懒得刷碗，就发明了洗碗机……人类文明就是被一些懒惰的人一砖一瓦地搭建起来的。

总觉得不对劲。那些人，算是懒惰的人吗？怎么我认识的那些懒虫没有一个从床上蹦起来说我要发明个什么？

想了好几年，后来才想明白——这句话确实是说错了。一个人如果真是生性懒惰，那他什么也发明不出来、什么进步也推动不了。中国古代笑话里有一个著名懒虫，妈妈出门，怕他饿死，烙了张大饼，挖了个圆洞，套在他脖子上。结果出门回来一看，他还是饿死了——正下方的吃完了，懒得把饼转一转。

这种饿死事小、出力事大的才是懒惰。懒惰不是人类进步的阶梯，是人类进步的滑梯。

那么，那些发明汽车、洗碗机的人呢？他们不是懒惰的人，他们是偷懒的人。偷懒才是人类进步的阶梯，甚至是电梯。

偷懒和懒惰可不一样。偷懒不是纵容懒惰，而是解决懒惰。

懒惰是劳动的
最小化，偷懒
是劳动时间的
最小化。

懒惰是不爱出力，所以就拒绝出力，乃至不产出任何成果；偷懒是知道自己不爱出力，但事儿还是得办，于是就想办法尽可能少出力。

如果在工作上，懒惰就是尽量少做事、不做事，而偷懒是尽量少花时间在做事上，是减少工作对时间、精力的消耗。或者可以说，懒惰是劳动的最小化，偷懒是劳动时间的最小化。

要是说得再大言不惭一点，**如果职场里一个人特别擅长偷懒，那这几乎可以视作更有效的时间管理的成果，甚至偷懒就是这个管理本身。因为偷懒意味着你要在比别人在更短的时间内完成工作，想办法以更快的速度、更高的效率完成工作。**

以前在广告公司工作，我老跟同事说"创意工作，唯快不破"。其实不光创意工作，天下工作都是唯快不破，只不过这一点在创意类工作里表现得尤为突出。创意工作毕竟不是动作和产出都标准化了的生产线，不存在什么"无差别的人类劳动"；有人的"灵光一现"就是能比得上，甚至能超越旁人的彻夜奋战、废寝忘食。不同劳动者之间，甚至每一个人自己的投入时间和产出质量都未必成正比。

———

这种情况下，与"产出质量"成正比的是什么？如果先考虑一个人自己的情况，我认为，"投入时间"至少要被修正为"有效投入时间"。

通常，完成一项工作要花的时间可以粗略地包括两部分，一部分是"把事情做对的时间"，另一部分是"把事情做好的时间"。可以想象成：你的任务是把两根木条固定在一起，首先你得找钉子和锤子，确定钉钉子的位置，然后才是抡起锤子一下下把钉子钉结实。前头找钉子和锤子、确定位置，都是为了"把事情做对"，后头钉钉子是为了"把事情做好"。

完成一项工作，顺利的话，需要的总投入时间是"把事情做对的时间"加上"把事情做好的时间"；但在实际工作里，很多时间都浪费在了前者上，为什么呢？

还拿钉钉子举例：找锤子，找钉子，确定位置，钉进去，发现钉错了，拔出来；换个钉子，确定位置，钉到一半，位置错了，拔出来，重来；锤子找不到了，找锤子，找到了，钉子呢？……

可真正与工作成果（把两根木条固定在一起）有关系的，其实只有"把事情做好的时间"。你用锤子砸了一下还是砸了五下，固定的结实程度可能会有些区别。至于一个人找锤子、找钉子、确定钉入位置是花了三秒钟，还是花了三个小时，对最终木条固定的结实程度毫无影响。

那么，怎么偷懒？怎么在减少总工作时间的同时，还能保质保量地完成工作呢？

那就得努力减少"把事情做对的时间"——尽量减少"把事情做对"那一步骤所耗费的时间。"把事情做好"这一步的时间不能减少，甚至可能还要多分一些过来才对。

但实际操作起来，"把事情做好"这个步骤肯定包含着无数个细节，每个细节可能又包括"把这个细节做对"的过程。也就是说，"好"本身是由无数个"对"组成的；以最快的速度完成对这些细节的正确判断，才能真正"做好"；都"对"了，自然就"好"了。

不好，可以花时间弥补；不对，那就越花时间越坏。"南辕北辙"说的就是这件事：

> 今者臣来，见人于大行，方北面而持其驾，告臣曰：吾欲之楚。
>
> 臣曰：君之楚，将奚为北面？
>
> 曰：吾马良。
>
> 臣曰：马虽良，此非楚之路也。
>
> 曰：吾用多。
>
> 臣曰：用虽多，此非楚之路也。
>
> 曰：吾御者善。
>
> 此数者愈善，而离楚愈远耳。

还有一个我常讲的故事：

> 一家电厂的发电机坏了，请了一位电机专家来检修。专家来了以后，这里看看，那里听听，最后在电机的一处用粉笔画了一个圈，说："毛病在这里。"工人们把那里打开，很快修好了电机。厂家付报酬的时候，专家说："10000 美

元。"大家很不服气:"用粉笔画一个圈,要 10000 美元?"
专家说:"用粉笔画圈,收 1 美金;知道在哪儿画圈,9999
美元。"

现实中,我见过很多画了几十上百个圈,错了擦、擦了再错
的人,也见过已经知道在哪儿画圈,但又白白花了好多时间研
究怎么把那个圈画得再圆些、再美些的人。每到这个时候,我
就想起鲁迅笔下阿 Q 的那句至理名言——"孙子才画得很圆的圆
圈呢。"

如此说来,要正确地偷懒,似乎就要做到以下几件事。

**首先,应该用尽量少的时间把事情做对。其次,应该尽量把
有限的时间都花在把事情做好上。最后,应该破除对"完美"的
执迷(如果有的话),因为先"做对"才重要,否则怎么"做好"
都是浪费。你得时刻记着,别追求完美,先追求正确。**

我以前还不小心说出过两句"名言",一句是"不假思索地
开始一项工作,是浪费时间的最佳途径",另一句是"想明白,
才能干明白"。

想明白什么?是这么四件事——确立标准,评判方法,安排
步骤,预估时间。

要偷懒,就要记得提醒自己:如果拿到的是一张印刷模糊不
清的试卷,一定别急着开始答题;答了也是白费时间。这是确立
标准。

要偷懒，就先别急着"做好"，在确定怎么"做对"之前，"做好"是不可能的。想想钉钉子的事情，没找对位置，直接抡锤就砸？砸得越结实越费事。这是评判方法。

要偷懒，就要随时回顾，分段确认。钉子砸进去了才发现位置有误，这是常有的事。这是安排步骤。

要偷懒，就要比别人更专注、更敏锐，要更快速地了解情况，做出判断。这是预估时间。

━━

很抱歉，要做到这些，你需要比别人更努力，而且是更有效地努力，这样，你才能在更短的时间内、花更少的力气完成你该完成的工作，才能把别人工作的工夫花在喝咖啡上。

但好消息是，这些努力终究会变成你的"包浆"，变成你可以傍身的软技能。更多的观察与思考，会让你更了解自己在做的事情，让你今后每次都比别人更快地做出正确判断，你喝咖啡的时间会越来越宽裕。

而且，也别忘了让别人看到你的产出，要让他们知道你虽然在喝咖啡，却照样有保质保量的工作成果。这会打消旁人对你的怀疑，让他们建立对你的信心。这种情况下，你的工作成果就是你的护身符。

我经常鼓励职场里的同伴学会偷懒，我自己也喜欢那些擅长偷懒的人，**因为偷懒的人往往是更加珍惜时间的人——他们在把活儿做对、做好的前提下，努力减少工作时间，是因为他们希望把那些时间用在更有价值、更有意义，或者更好玩的事情上。**

我不认为世上有任何人应该或者能够做到把百分之百的精力都投入到一项工作中。如果有谁这样自诩，那他八成是信口胡诌或者居心叵测。如果有谁这样要求别人，那你最好对他敬而远之。

生命短暂，时间稀缺，我们注定不能在任何一件事情上无限投入。追求完美或许是个很好的口号，但它注定是个不可实现，也不可度量的目标。我们能做的，只有在有限的时间内努力产出，或者尽量减少无意义的时间消耗。我所谓"偷懒是人类进步的阶梯"，就是这个意思了。

26th
LETTER

没有权力，怎么施展领导力

汤君健

汤君健

得到职场教练，茂诺管理咨询董事长，曾任宝洁全国零售渠道销售总监。

代表作：

《中小企业识人用人一本通》

主理得到 App 课程：

《汤君健·给中层的管理课 30 讲》

《怎样成为带团队的高手 2.0》

《有效提升你的谈判能力》

《有效提升你的职场价值》

《怎样成为时间管理的高手》

《有效提升你的职场说服力》

朋友你好：

我是得到职场教练汤君健。

与职场有关的软技能看似很多、很杂，但它们其实可以进一步去分解和归类。我把软技能分解为"为人""处事"两大类，"个人""人际""团队""目标""解难""过程"六个子类。感兴趣的话，你可以在我的得到 App 课程《汤君健·给中层的管理课 30 讲》里查看我为你准备的软技能自查清单。

在职场中，要想做好手头的工作，清单里的每一项软技能都很重要。比如，具备"个人"这一子类下的抗压能力，你就能在多线程工作中提高效率；掌握"解难"这一子类下的分析判断能力，即便遇到复杂问题，你依然可以保持思路清晰……

脱不花让我从这张清单中，选取几项大厂最看重的软技能。如果你希望加入大厂，并在其中获得发展和晋升机会，请继续往下读吧。我会为你介绍一套"能力的组合拳"，也就是咱们接下来要聊的领导力。

你也许会问：公司里领导的位子就那么几个，人人都锻炼领导力，去哪儿找那么多"坑"来为晋升做准备？

这里我们要先回到"领导力"的定义上。我想为你介绍的

"领导力"，准确地说叫"非授权领导力"，也就是你还不是领导时，表现出来的能够引领他人完成任务、达成目标的能力。与之相对应的叫"职权领导力"，也就是我们通常理解的一个人坐在领导的位子上所表现出来的管理能力。但说实话，**一个已经坐到领导者位子上的人是很难锻炼出真正的领导力的**。成为团队领导，常常意味着你说什么都对；大家追随的是你的位子，不是你这个人。而大厂之所以需要各级普通员工也具备非授权领导力，是由它的三大职场特点和一条职业发展原则决定的。

大厂的第一个职场特点就是"大"，人多。你不要小看这个"大"字，一个团队如果只有两个人，他们开一次会就可以完成沟通；如果团队有五个人，他们两两开一次会，就需要开（4+3+2+1=）10次才能完成沟通。你会发现，对于团队管理而言，规模扩大所带来的合作复杂度上升，是一个类似于指数的非线性增长模式。我们都知道众口难调，如果所有人都带着自己的想法，或者什么事都指望上级领导去指派，那么大厂的效率将会低到什么事都干不成。而如果员工具备非授权领导力，就可以把每个个体的主动性发挥出来，让他们形成自下而上的合作，推动工作落地。

大厂的第二个特点是标准化程度高，一切按照标准走就好了，人在这类体系里很容易产生惰性。如果你在一份工作中始终只能达到标准期望，而没有办法超出标准期望，那么可想而知，你的发展和晋升速度大概率也只能和大盘保持一致——大家水平都差不多嘛。既然任何一家公司金字塔塔尖的位子都是少数的，而你又想"跑赢大盘"，那你就必须有超出标准工作流程之外的产出。

对于大部分的硬技能、软技能，大厂都会进行充分的培训，并给到具体的操作流程。唯独在选拔干部这件事上，大厂既没有办法先提拔（业绩好的人）再培养——万一你管理能力不行，一时半会儿培养不起来，那岂不是会牵连一整个团队；也没有办法先全员培养，再提拔——毕竟领导者的位子是少数。所以，非授权领导力是考察、选拔人才的抓手，通过它可以看出人与人之间的差异所在。

大厂的第三个特点是资源分布极不均衡。别以为大厂家大业大，有花不完的钱，实际上，由于大厂的第一个特点——"大"，人多，资源再多，分下来也未必有多少；而非授权领导力可以有效引导公司把资源投给那些能力更强、更能出活儿的小团队。

也就是说，大厂依靠一群从赛马机制中脱颖而出的小团队，自上而下地分散较为僵化的决策风险。打个不甚恰当的比方，大厂就是一家风险投资机构，每个员工或者每个小团队就是一家小微创业公司。作为"创业公司"，你要引导你的上级为你工作——为你投入资金、时间、人力等资源，而不是等着上级给你布置工作，然后为他工作。

▬

再来说大厂的职业发展原则——**你在依附于某个机构、组织、团队的同时，也要锻炼自己"不依附"的能力。这并不是鼓励你跳槽，而是要你锻炼"如果在大厂发展不顺，敢于跳槽"的能力。**

熊太行老师说的"零号原则"，也是这个道理（请翻阅本书"在体制内工作，需要什么软技能"）。

怎么做到"不依附"呢？非授权领导力就是你要掌握的本领。想想看，离开大厂时，如果你只能带走大厂给你的光环，而带不走什么资源和人脉，那么一旦离开某个熟悉的流程、体系，你就无法号召一个团队，让大家追随你。请问，有什么公司会接纳你呢？它图你啥呢？

我曾经在宝洁这样一家巨型世界 500 强企业工作。我发现，他们对员工非授权领导力的考察在应届生毕业招聘时就开始了。我至今仍记得，当年参加管培生招聘面试的时候，面试官在一小时的时间内让我介绍了至少五个案例，都是围绕在校期间我是如何带领、影响他人完成目标展开的。事实上，我并非学生会主席，读书时也没有实习经历，更没有创业经历。我举的例子，大部分都是我影响了团队中的领导者、其他成员，最终取得结果突破。若干年后，我自己也成了面试官，面试过很多个学生会主席，但我并没有让他们通过——我在他们身上看到的只有那个领导者位子给他们带来的职权领导力，而他们影响上级、平级和其他利益相关方的非授权领导力则表现得十分薄弱。

进入宝洁之后，是非授权领导力帮助我快速成长。我刚工作的第一年就敢向职级比我高三四级、工作超过 15 年的管理者申请资源。当时，我负责厦门零售市场，发现当地有一个叫"博饼"的中秋特色活动，家庭、企业都会拿日化产品作为礼品。由于这个活动只有以厦门为中心的闽南地区才有，宝洁作为一个全球性品牌，竞争力还不如一些本地企业。

从公司层面考虑，这只不过是一个地方性活动，无关痛痒；但在我看来，这是能给我所负责的区域带来业绩增长的宝贵机会。于是，在销售部经理的支持下，刚刚大学毕业的我给各个品牌部的渠道负责人写邮件，告诉他们这样的生意机会。当与我同时进公司的同事还在按标准操作流程工作时，我已经从公司总部那里直接争取来了比过往多一倍的资源；作为回报，我也给公司带来了超过一倍的业绩增长。

秉承着这样的工作习惯，我在宝洁工作的第六年就晋升到了销售总监的位置。而参考通常的晋升节奏，成为一名销售总监需要 8~12 年的时间。

2023 年是我连续创业的第 8 个年头。对，我早已离开职业经理人的体系，成立了自己的咨询团队。现在，我要"领导"我合伙渠道的员工，让他们知道如何更好地跟我们团队打配合；还要"领导"我服务客户的员工，帮助他们学习我为他们公司设计的管理流程。

作为团队的领导者，我仍然在打磨自己的非授权领导力。

下面我会为你介绍非授权领导力具体有哪些子能力。我从一开始提到的软技能自查清单中选取了 7 项（见表 26-1）。把这几项核心软技能锻炼好，你在大厂的发展就能少走很多弯路。

表 26-1　非授权领导力的七项子能力

为人	处事
个人：诚信正直、积极主动	目标：结果导向
人际：影响能力	解难：分析判断
团队：领导变革	过程：计划执行

几乎所有讲领导力的教材都会把诚实正直放在第一位，它也是"为人"类"个人"这项的第一条。这种能力是"1"，其他所有能力都是"0"——没有诚实正直，即便你把其他软技能练得再好，别人也不会追随你。

这意味着你在工作中要做到：言行一致，不能说一套做一套；信守承诺，答应别人能达成什么样的结果，你就应该尽最大的可能去实现，而对于你无法达成的，就不要拍胸脯承诺；坦诚直接，敢于把困难实事求是地说出来。

根据我的观察，在这几点里最难做到的是坦诚直接。我建议你在处理一些特别艰难的谈话时，用"过桥语言"给自己和对方一个缓冲。比如，有一个坏消息要告诉上下游的合作伙伴时，你是不是可以先这样说："我有一个坏消息要告诉你，我知道你听了之后会非常失望，但是作为这件事情的参与方，我有责任让你知道真相。"然后再把情况如实告知。

■

再来看积极主动。你可以从独立行动、善用机会、主动投入这三个维度来进一步理解它。独立行动意味着工作中没有人会手把手告诉你问题出在哪里、哪些地方可以改进，一切都需要你独立思考、自己去找。善用机会是指当你发现机会点之后，要把它转化成突破的口子。前文提到的我在厦门本地发现博饼活动这个机会的例子，就是如此。而关于主动投入，你要明白的一点是，**完成上级布置的任务是这份工作给你的最低要求；能做到什么程度，还得靠你自己琢磨。**很多工作的确是做也行，不做也行。而你做了，就是积极主动；没做，就可能和一个机会失之交臂。

想要锻炼积极主动这种能力，你可以给自己准备一本工作日志，每天记下生意中、管理流程上存在的问题点。如果你吃不准这些问题点能否变成一个新的机会点，你可以向上级、经验更丰富的老员工、外部专家虚心讨教。

有意识地记录下身边的问题，就已经是积极主动的第一步了。

人际方面，我推荐你锻炼影响能力。具备非授权领导力的人能灵活运用多种工具和技巧发表自己的想法，并寻求他人的意见，而不会把自己当作高高在上的管理者，对他人指手画脚，不让人说话。这有一个前提，就是你要以身作则，以便获得他人的信任与支持，在下属和同事间树立起威信。除此之外，你需要换位思考，敏锐地预见他人的需求；过程中根据对方的反对意见，更有针对性地说服。

锻炼自己的影响能力，要牢记一点：比说服更重要的，是选择用什么方式去说服。我在说服公司往厦门投入额外资源的时候，并没有以"吵架""嗓门大"的方式给公司内部施压。因为我在了解情况以后发现，各品牌一开始之所以不愿意投资，不是因为针对我，而是因为他们压根儿不知道博饼和公司的快消品之间有什么关联。此外，各个品牌总监的时间非常宝贵，不太可能听全国每个城市的销售说一遍特殊情况。

于是，我写了一份关于博饼的一页纸介绍，把什么是博饼、为什么要做博饼节活动、品牌怎么配合我做博饼节活动等信息列出来。选择对的方式，一场 30 分钟的会议就可以把情况介绍清楚了——这对于提升你说服和影响他人的能力很重要。

再来看团队方面的软技能，我向你推荐领导变革的能力。为什么？培训、辅导、激励他人固然重要，但在大厂中，这都是由上级完成的，**管理好变化才是非授权领导工作的源头**。你可以从调整行为、接受变化、提前准备这三个维度去管理工作中的变化。

调整行为是指，你愿意积极接受新的任务和挑战，支持创新性和开创性项目，在自己的职能领域采取新方法。接受变化是指，你要树立团队变革的紧迫意识，并能够从一些细节预测到未来的发展趋势，向团队和组织传达变革的益处。提前准备很好理解，就是你可以系统分析、准确判断变化可能带来的各种影响和结果，从而把握先机，拿出一套可行的应对方案。

如果你是大厂里的一名"非领导者"，我非常建议你多参加本职工作之外的项目。很多项目是为了对现有工作流进行优化、变革而发起的；在项目组里，你和其他同事并没有实线的汇报关系，但你依然要推动落地，这是非常考验你的领导变革能力的。你要把项目的紧迫性传递给利益相关方，还要提前做好各种甘特图、项目说明书等，为团队适应变化做好准备。所以，不少大厂甚至会把有没有担任过项目经理作为晋升总监的前置要求，通过做项目考察高潜骨干。

我把"处事"类的能力按"目标""解难""过程"这三项做了拆分。我们一一来看。

如何让自己更有目标感？我建议你试着改变一下自己说话、想事情的方式：从"之所以搞不定工作中的难题，是因为理由1、2、3"，变成"要搞定这个难题，我需要公司在1、2、3项上给到支持"。两者看起来说的是同一件事，传达出来的态度却很不一样——前者是"这事我干不了，编个理由糊弄一下得了"，后者则是"你们听我指挥，大家一起把这件事搞定"。不要小看这点细小的区别，关键时刻，往往是这样的细节决定了周围人对你的评价。

对，做事有目标感，意味着你可以从结果倒推眼下应该采取的行动。我认为这种结果导向能力的锻炼，可以从正确投入资源、提升业绩这两方面切入。

正确投入资源和结果导向有什么关系？企业在多项目的管理过程中，资源往往是相对有限的，需要充分而有效地分配和利用。所以应该保持一线清明——我现在调用公司资源去做的这件事，符不符合公司战略优先级的安排，能不能帮助企业战略目标落地？同理，提升业绩的实现方式也应该是，对内部流程和管理进行全面诊断，寻找并改进那些不能带来价值增值的环节，把好钢用在刀刃上。

解难，也就是通过分析判断化解难题，它的背后其实是一套金字塔结构化的思维模式。读完刘润老师的来信后（请翻阅本书"有对象感，才能写出对话感"），想必你已经知道如何利用SCQA模型去构建逻辑势能了。这套模型不仅是写作的抓手，还能帮你在处理复杂信息时抓住别人没有发现的关键点，帮你在危机来临时快速定位问题，采取相应的措施以防同样的问题再次发生。

得到App上有非常多关于结构化思维的优秀课程，推荐你学习。此外，我建议你养成收集结构模型的习惯，比如电商运营AIPL漏斗分析、营销4P理论、人力资源六大模块等，都可以收集起来。这些经典模型往往是高度结构化的，并且经过前人验证。

过程这一项，可以进一步拆分为计划、执行、调整三个步骤。计划是指，你要主动根据公司发展和行业环境变化制定长期目标，并将其细化为中期、短期目标，设定优先级。执行说的是，要针对可能存在的风险制定应变方案；即使出现突发情况，也要顺利完成。此外，在计划执行过程中要进行阶段性的分析和总结，及时进行相应的调整，以按时保质地完成工作。而调整是指，开发系统来设计和评测工作流程。

除了多参加项目组工作（每个项目都要走完计划、执行、调整这三个步骤），我还建议你刻意练习自己敏捷执行计划的方式。

这是因为，在项目里跑完计划、执行、调整这三个步骤，通常耗时较长。举个例子。你有四个月的时间完成一次活动促销流程的优化，传统做法是花一个月的时间做计划，一个月的时间做执行，一个月的时间调整，最后一个月进行复盘和汇报。而敏捷工作法要求你在两周甚至更短的时间里跑完一个步骤，这样你就可以在四个月里迭代 8 次甚至 16 次。

关于非授权领导力的锻炼方式，到这里就介绍完了。我建议你把"为人""处事"两大类，"个人""人际""团队""目标""解难""过程"六个子类的相关描述与自己工作中的案例进行匹配和对照，给自己目前的情况打个分。这样你就可以看到自己的非授权领导力和一个组织的标准要求之间有怎样的差距，并在接下来的时间里刻意练习。

祝你早日成为真正的领导者。再见。

27th
LETTER

第二十七封信

社恐不是你的错

王烁

王烁

财新传媒总编辑。2016 年入选"耶鲁世界学者"。

代表作：
《多维思考》
《跨界学习》
《在耶鲁精进》

主理得到 App 课程：
《30 天认知训练营》
《王烁·大学·问》

各位读者朋友：

要讲"陌生人社交"这项软技能，我们不妨先回到其源头去观察。我身边就有一个可观察的标的，二宝。他在我们家虽最小，却是个"社牛"。我们家上溯三代，没一个比他更会搞社交的。

我观察到了两个例子，一正一反。先跟你讲正面例子。

二宝进小学没两天，就跟班上最好看的女同学一起玩耍了。

"男同学都想跟她玩，就我做到了。"

你是怎么做到的？

"第一步，跟她说话。"

可以。第二步呢？

"紧张。"

呃，我忍住没评论。那第三步呢？

"紧张的时候要扛住，扛住就好了，就可以一起愉快地玩耍了。"

过两天，我想了解他们在一起玩耍是否可持续，又去问二宝。

"今天也一起玩了。"

你以前靠克服紧张，今天靠什么？

"今天我把朵拉发明的游戏带去跟她玩。"朵拉是二宝的姐姐，刚刚自创了一个桌游。

你为什么要用朵拉的游戏？

"游戏是朵拉发明的，我想，女生发明的游戏，女生会爱玩。果然。"

二宝这套社交打法简单是简单，但如果仔细拆解，会发现具备几个关键模块：

第一，迈出第一步，开口——这是最重要的。

第二，开口必须克服心理上的自我抑制，而克服它并无秘诀，就是挺过去。

第三，要找到共同语言。

无师自通，二宝自如运用了这三大模块，取得了效果。小伙子还行，对吧？

——

现在讲反例。

还是二宝。他在冰球场练球，有个小朋友觉得他身手不错，走过来搭话："你好，能交个朋友吗？"

我想当然地以为，社牛二宝会热情接住人家抛来的邀请，却没想到他身体往后缩了缩，然后开口说"不"。

听到这个字，我是震惊的。我们家前无古人的大社牛，怎么忽然变得像一个社恐了呢？

继续观察，发现二宝并非对人家毫无兴趣，相反，可以说他很有兴趣。人家在哪里练，他就出现在附近；人家做什么动作，他也做什么动作。简直是有意在招蜂引蝶。

你到底是想跟人家说话还是不想，确定一下好吗？

到最后，二宝也没有迈出与人交谈那一步。

———

同一个二宝，为什么有时社牛，有时社恐？

我继续研究，观察二宝，也观察其他小朋友。为什么是小朋友呢？因为他们较少刻意训练，也还没有理论加持，行为比较接近"原生态"。类似的场景见得多、积累得多了，我创建了一个假说，分享给你。

社牛和社恐具有二象性，共存于一身。什么时候哪一面现身，主要取决于环境。

什么时候是社恐呢？

纯陌生人社交时，倾向于社恐。纯陌生人社交指这类场景：大家从未见过，从概率上讲以后再见的概率也极小。萍水相逢，擦肩而过，从此相忘于江湖。

什么时候是社牛呢？

可重复社交时是社牛。可重复社交指这类场景：初见自然是陌生人，但大家心里都清楚，彼此要在同一时空中相处，迟早会熟络起来。

上升到这个理论高度，我就明白了：二宝既不是单纯的社牛，也不是单纯的社恐，他是社牛和社恐的混合体，人类用几十万年演化出来的一个正常人。

不光二宝，我们都一样。社牛和社恐的成分我们哪一样都不缺，差别只在于这两者的含量不同。

社牛、社恐共存于一身，源自进化心理学，而进化心理学植根于人类演化史。

自智人开始直立行走以来，人类绝大多数时候都要面临一种黑白分明的处境：

一面是熟人社会。规模小，内部纽带牢固，往往以血缘为基础。简而言之，每个人都熟悉所有人，在此之上衍生出基于地域、语言的强纽带，并在扩展中持续加固。熟人社会中没有社恐。如果说每个人都是其社会关系的总和，那么熟人社会中每个人社会关系的总和接近均值。

另一面是陌生世界。陌生世界并不远，走出熟人社会便是。那里你谁也不认识，谁也不认识你。不要以为这是社恐的天堂，危险常常在此降临。

只要读过人类学家关于原始人类群体的考察报告，你就会知道，对他们来说，陌生人意味着危险；走出村落就好比进入战区，遇到的每个人都会将你这个陌生人当作敌人——他为何不好好待在自己的村落里，而要来我们这里？是不是来为突袭做侦察的？

与其假设他存着好意，不如相信他心存歹意，因为前者潜在收益有限，而后者潜在损失无限。

在人类演化史上的绝大多数时间里，一旦走出熟人社会，我们就会被锁死在与陌生人之间的囚徒困境里。于是乎，与其跟陌生人交往，不如老死不相往来。你这么想，他也这么想；对每个人来说，这都是有利于生存的较优选择。

几十万年下来，社牛和社恐的成分就通过不同通道分别植入了我们的基因。每个人面对熟人都会表现出社牛的一面，面对陌生人则会表现出社恐的一面，原因就在这里。漫长的演化在我们每个人的身体里都埋下了这个隐藏开关。

只不过，人的演化太慢，而社会的变化太快。今天，虽然这个开关还顽强地存在着，但它早已经跟不上时代的变化了——现在我们有了秩序、法律、规则，陌生人之间的交往风险与过往不可同日而语。**以前社恐是用来保命的，现在需要保命的时候并没有那么多。如果说过往生存的风险压倒一切，那么现在随着风险降低，陌生人带来的新信息、新想法、新工具、新事物、新办法的益处大为彰显，有了价值释放的机会。这时，身体里那个隐藏开关倘若自动打开，便会和社会变迁产生剧烈的错配。**

如若社恐，责任不在你，在那该死的错配。

———

我讲这些道理，是为了替你放下包袱——大家都是社恐，社恐也不是谁的错，自有演化来背锅。自从知道自己对自己的社恐没有责任之后，我就放下了精神上的负担。

理解这些很重要，因为社恐首先是心理状态，心病需心药治；明白我们对此并无责任，才能放下，获得解放与自由。这是关键一步。

但这一步迈出去之后，怎样与陌生人讲话这个技术问题仍然摆在我们面前。解决技术问题，需要刻意训练。

训练什么呢？

二宝的"开口—硬挺住—寻找共同语言"三件套不失为一个好起点。把可重复社交环境中首次破冰的套路移植到纯陌生人交往环境，没有什么不可以。

事实上，从开口到硬挺住，再到寻找共同语言，每一步都是个过滤器——能开口就战胜了一批人，挺得住又战胜了一批人；如果还能找到共同语言，你就战胜了大多数人。

■

在这个基础上，我还有进一步的建议。

第一个建议，找细节。

跟陌生人说话，不是不可以问"你是谁""从哪里来""到哪里去""做什么"这一类事实问题，而是这些问题不仅普通，还像是在搞调查。更好的办法其实是从细节入手，观察对方身上有意思的细节，任何有意思的细节都行，然后从那里发起对话。

这就需要第二个建议，不要注意你自己，要关注对方。

跟陌生人谈话往往有两种路数：一种是让自己爽，自说自话自己嗨；另一种是以对方为重，向对方提问，让对方表达。

我想告诉你的是，与其让自己爽，不如以对方为重。你知道的，仅仅是自己在那里讲，你能学到的东西会非常有限。

很多人倒不是为了自己爽，而是犯了一个我时常犯的错误，就是与陌生人说话时，想自己想得太多，特别是想别人怎么看自己想得太多——**过于关注自己给对方留下了什么印象，反而把注意对方这件本该做的事忘掉了。**

这样一来，一是会关心则乱，越说越乱，二是对话很快会变成一种尬聊。

对话本来是相互交换信息，相互提供下一轮对话的线索，如果注意力全都放在自己身上，便不可能关注对方抛来的线索，无法获得进一步展开对话所需要的细节，于是便会使对话就此打住。

我曾经见过这样一种人，跟你初次见面，他很快就知道你想要的是什么，而且让你觉得他能帮你获得。这种人不是凡人可企及的，但我们至少可从他那里学到一点：像雷达一样把注意力聚焦到对方身上。

第三，倾听，而不是假装听。

倾听是普通人对陌生人最真实的礼遇。倾听意味着你真的想知道对方在想什么，而且你对对方的关心到了想知道这些的地步。

但实际上，许多时候，我们是假装在听，实则在准备发言，表现得迫不及待。这时我们便又忘了，自己讲话时学不到东西，假装倾听更学不到。若要了解对方，展开有意义的对话，非倾听不可。

倾听对有些人来说是轻轻松松、自然而然的，他们有好奇心，相信任何人都是有趣的。如果你不是这样的人，不妨为自己设定一个工作任务，拉清单，告诉自己与陌生人说话一定要获得一些东西。**比如，关于这个人我知道了什么？他最关心什么？他对这次谈话感觉如何？**

如果事后你对清单上的提问语焉不详，那你还得多听。

第四，捕捉言外之意。

一般来说，人们的说话和思考是不同步的。思考速度远超说话速度，大脑感知、消化信息的速度太快，往往是话一听就觉得懂，于是大脑带宽会有剩余，非常容易走神。

对大脑冗余带宽的更好用法，是开动脑筋去想对方的言外之意，去理解对方真实的意图。一边听一边问自己：**他说这话是什么意思？他为什么要跟我讲这些？他希望我做什么？**

第五个建议，不要过度脑补。

要多想，但不要替对方下结论，而是要多提问题，提真问题。前面讲不要假装听，要真听；这里我想和你强调的是，不要假装问，要真问。

所谓假装问，指表面上提问题，实际在给对方下定论。我们太习惯这么干了："为什么不？""对不对？"但凡问题里有这样的词汇，就说明你不是在提真问题，而是要表现自己已经知道答案了。只有不带目的、不预设结论地参与对话，才能让对话带你到达未曾想象的地方。

第六个建议，没听懂时不放过。

如果对方说了什么你觉得意外或者不解的，不要让它溜走。

一般人很少会为了搞明白对方的意思而让对话停下来，他们宁可去脑补。但这时恰恰应该停下来问一声："这句话我没听懂，你能再讲讲吗？"

只有不带目的、
不预设结论地参
与对话，才能让
对话带你到达未
曾想象的地方。

不要想当然，要牢记对方跟自己不一样。**没听懂，要么是因为信息有差别，要么是因为立场有差别。只要把这些不懂的地方搞懂了，你就要么能学到新东西，要么能更好地了解对方。**

——

第七个建议，也是我给你的最后一个建议，请收下：无话可说时，请享受沉默。

对方沉默有很多原因，其中一种是他不知道怎么说，正在寻找合适的表达。这时，如果你急于打破沉默，主动插话，反而会打断他的寻找，他可能干脆就不说了。相反，你也沉默，把时间交给对方，然后泰然等待，其实是更好的选择。

有时，沉默之后说的话更有价值。

28th
LETTER

第二十八封信

如何收获高质量的亲密关系

陈海贤

陈海贤

心理学博士，知名心理咨询师，家庭治疗师。拥有 16
年心理咨询经验，接待来访者超过 8000 人次。

代表作：
《爱，需要学习》
《了不起的我》
《幸福课》

主理得到 App 课程：
《陈海贤·自我发展心理学》
《陈海贤·亲密关系 30 讲》
《陈海贤·家庭关系 21 讲》

亲爱的读者朋友：

见字如面。

我是一名心理咨询师，也是家庭和亲密关系专家。在这封信里，我要为你介绍经营亲密关系的软技能。

关于如何建构与上级、同事和下属的关系，这本书里已经有几位作者为你介绍过了（请翻阅本书"领导团队，需要什么软技能""没有权力，怎么施展领导力"）。我想带你了解的是，怎样经营与你最亲密的人之间的关系。

我接待过很多夫妻，跟他们一起处理亲密关系中的难题。有很多人问过我："陈老师，你觉得经营好亲密关系的秘诀是什么？"

你可以想象，这是一个很庞杂的课题，倾听、深度沟通、尊重边界、处理差异……哪样都不能落下。可是要论根源，所有能力都和两个关键词有关：一个是"关系"，另一个是"处理"。

如果你正在恋爱、婚姻中，或是刚打算开始一段关系，那么就请你打起十二分的精神来。接下来我会带你去看，怎么从"关系"和"处理"出发，建构高质量的亲密关系。

法国哲学家卢梭曾经说过："虽然被屋顶上偶然掉下来的瓦

片砸到会很痛，但被一颗向你蓄意丢来的小石子砸到更痛。"如果这颗小石子是由爱人扔过来的，痛苦还会加倍。

我在《爱，需要学习》中提到，亲密关系里任何一件事情的发生，都可以从两个层次进行解读。

第一个层次是，事实本身是什么，我称之为"事实事件"。在卢梭的这句话里，事实事件应该是被瓦片砸到或被小石头砸到。

第二个层次是，这个事实背后所代表的关系是什么，我称之为"关系事件"。它在卢梭这句话中对应的是"蓄意"二字——谁向你扔的小石子？他是不是有意的？他想用扔石子表达什么？

在与伴侣的相处中，对于"关系"的解读时时刻刻都在发生。一旦我们从伴侣的言行中觉察到否定、蔑视、远离、背叛，它们就会演变成我们内心真实的痛苦和伤害，进而引发愤怒和反击。

有一天我在一家餐厅吃饭，听到旁边一对夫妻的对话：

> 妻子：这几天没睡好。
>
> 丈夫：这几天天气热，人就是容易早醒。
>
> 妻子：我有点担心女儿上托儿所不能适应。
>
> 丈夫：小孩子嘛，不都这样，过一段时间就好了。

妻子叹了口气，不再说话。

在这段对话里，妻子一直跟丈夫沟通生活中某些方面的问题，丈夫却一直强调一切正常。**也许丈夫是想通过强调"没事"来安慰妻子，殊不知从关系的视角看，他其实是在不断否定妻子的经验和感受。而这种否定把进一步回应和沟通的可能性都拒之门外了。**

别小看这种拒绝，它还包含着控制和权力斗争的种子，因为它传递的关系信息是：

"你说的不对，我说的才对！"

"你说的不重要，我说的才重要！"

"我不要你按你的方式说，我要你按我期待的方式说！"

这样的对话继续发展会变成什么样呢？

一种可能是，妻子会不断强调让她焦虑的事，而丈夫会不停重复这些事不重要，之后这会成为夫妻之间一种固定的沟通模式。

这种沟通模式持续得足够长，就有可能改变夫妻的个性——妻子会因为得不到丈夫的回应，变得越来越焦虑；而丈夫也会因为要回避妻子的挑战，变得越来越淡漠。情感反应也会变成权力斗争的一部分——妻子会用她的焦虑来强调她说的事情的重要性，而丈夫会用他的淡漠来说明这件事根本不重要。

另一种可能是，妻子觉得对方不能理解自己，丈夫觉得妻子不可理喻，两人开始放弃沟通，在婚姻里陷入孤独状态。

相反，如果了解这背后的关系，他们就随时可以放下对表面事情的争论，通过深度沟通来化解问题。如果丈夫知道妻子在关系里想要的是他情感的共鸣和回应，他就不会把注意力放在要不要同意妻子的判断上，而是会去安抚妻子焦虑的情绪。同样，妻子也不会只是跟丈夫说一件又一件焦虑的事，她可能会更直接地提出自己的需求："我想让你安抚一下我的焦虑。"

倾听、表达需要、深度沟通……很多亲密关系中的软技能，都要从理解"关系"开始练习。"关系"的视角，不仅能让我们理解问题，也能帮我们找到一条出路。夫妻双方只有看到"关系"背后传递的真正信息，才能真的理解彼此并发生改变。

再来看另一个关键词"处理"。

在进入一段亲密关系之前，人们通常会对伴侣和这段关系有很多美好的假设。这些假设也许会实现，但它们不是关系的全部——亲密关系总是在发展，会涌现出各种问题。如何处理这些问题，决定了亲密关系的质量。

面对这些问题，大部分人所做的其实不是处理，而是"反应"。愤怒、抱怨、指责……这些反应背后，自然有我们的委屈和不满，但也映射出了我们对伴侣和亲密关系"应该如何"的想象：

"他应该跟我好好沟通。"

"她应该支持我的事业。"

"他应该参与孩子的教育。"

这个时候，你需要问自己："对，他就是跟我想的不一样，然后呢，我要怎么办？"

"怎么办"会导向"处理"，并让你放下"他应该怎么样"的执念——"他应该怎么样"是一个理论问题，而"他的反应不是这样，我应该怎么办"是一个实践问题。

亲密关系的经营，是一个需要实践的科学领域。作为一个关系经营的实践者，你需要不断问自己三个问题：

第一，我要去哪里？

比如，我要改善我们的关系，还是要报复他？我要接受他，还是要改变他？我要修复这段关系，还是要离开他？……

面对亲密关系中的难题，很多人只是顺应自己的情绪进行反应，从没想过要去哪里。但只有先把目标确定下来，才能走上解决亲密关系问题的道路。

要去哪里，无关对错，只关乎你的选择。很多人说，我不做选择，我要看他怎么处理，是否让我满意，然后再来决定怎么做——这当然也是一种选择。但你要知道，这种选择本质上是逃避你自己在亲密关系中的责任，把决定的权力完全交给对方。这无益于亲密关系的改善，反而会让两个人越来越疏离。

第二，我处理问题的方法能不能带我去那儿？

去哪里，无关对错；能不能带你去那儿，却有"对错"。这种"对错"不是做伦理判断，而是对效果好坏的评估。它让我们可以根据目标审视自己处理问题的方法。如果你的目标是改善跟伴侣的关系，而你处理问题的办法反而会对你们的关系造成伤害，那说明这个方法是行不通的。

很多人都希望伴侣改变，但常用的处理方式却是贬低、抱怨、争吵。这些方式背后隐含着对伴侣的不认同，因此常常会激发伴侣的反击。最后不仅无法改变伴侣，反而会把两个人的关系搞僵。

所以，我经常对想要改变伴侣的来访者说："真正的改变是伴侣感到被认可后，愿意为你做出改变。要想改变他，先要改变你对待他的方式和处理问题的方法。"

当然，处理问题的方法不是一下子就能找到的，需要在实践中去摸索。而这个过程中最难的，就是克服自己反应的本能。在亲密关系的实践中，你会对自己的处理方式有更多的觉察和反省。这时你就可以说，自己是真的在"经营"亲密关系了。

第三，如果这个方法不能带我去想去的地方，有没有其他有效的方法？

我曾经接待过一对年轻的夫妻，丈夫创业很忙，跟妻子约好一起去做一件事情后，常常因为"公司有个重要会议""今天忽然有个重要客户要见"等理由爽约。每次丈夫爽约，妻子就会很生气，觉得自己被忽略了，不断向丈夫抱怨。这让丈夫难以忍受，久而久之，丈夫开始躲着妻子，即使没事也会以开会为借口逃避约会。这变成了一种恶性循环。

该如何处理这个关系难题呢？一般的思路是让丈夫安排好自己的工作，不要轻易爽约，或者让妻子体谅丈夫，不再因为丈夫爽约而生气。

但这只是一种理想状态。实际上，丈夫已经承诺过几次要改变，却因为工作没法完全遵守承诺，而他每次爽约都会让妻子更不信任他。

原来的做法没有效果，那就要重新审视现实，寻找其他有效的途径——这就是第三个问题起到的作用。我问这个妻子："你丈夫已经承诺要改变了，可是如果因为各种原因，他还是爽约了，怎么做才能让你不那么生气呢？"

我也问她的丈夫："虽然你已经在尽力改变了，但有时确实不能完全做到答应的事，你妻子还是会生气，怎么做才能更好地安抚她？"

他们开始讨论。最后妻子提出："比如说约好了要一起吃饭，你不能来，但你提前帮我安排了一个其他活动，哪怕你只是问我一下要不要去（其他活动），我也会觉得好很多。"

丈夫说："好，以后万一我又爽约，就想想怎么安排比较好。实在想不出来怎么安排，我就问问你。"

就是多问一句，其实并不难，而这样妻子就会感觉自己被重视了，丈夫也不再逃避约会了，两个人的关系有了明显的改善。

不是问"怎么达到理想状态"，而是问"如果达不到理想状态，我们有什么办法去应对眼前的问题"。"处理"最终要改变的，不是外在的事情，而是我们应对事情的办法。而这个办法，只有在理解关系、立足现实的基础上才能找到。

发现了吗？在一段亲密关系里，你要用关系的视角看清事实背后传递的信息，然后选择正确有效的处理方式。"关系"和"处理"看似简单，却蕴藏着丰富的智慧，也包含与倾听、深度沟通、执行有关的多项软技能。

亲密关系是我们大半段人生都要面对的课题，值得投入时间和精力。愿你通过学习，拥有一段良好的亲密关系，经营好一个幸福的家。

29th
LETTER

成年人需要什么样的友谊

戴愫

戴愫

跨文化研究专家，企业管理培训专家，从事企业培训工作超过 10 年。

代表作：

《不懂年轻人你怎么带团队》

《微交谈：如何提升和陌生人的社交力》

《不会写，怎敢拼外企》

主理得到 App 课程：

《有效提升与陌生人的社交能力》

《有效提升你的职场写作能力》

《怎样成为人脉管理的高手》

各位读者朋友：

你好，我是戴愫。

作为社交力的培训师，我经常问学员这个问题：成年人想要的友谊是什么样的？

我尝试把学员们的描述汇总了一下：

成年人的友谊是彼此不渗透是非观、不求证八卦、不试探动机，是彼此补充认知、默默关注、惺惺相惜。朋友不一定能为你的问题直接提供解决方案，但朋友是你的眼耳鼻舌身的延伸，他们传递过来的经验，让你对这个世界色声香味触的体验更为丰满。

如果这也是你想要的成年人的友谊，那么与之匹配的社交力是什么样的呢？

肯定不是不分对象地攀谈，谁有那工夫！对社交的最大误解之一，就是以为要多多交朋友，于是有人宣称自己不是社恐，而是社懒、社累。事实上，成年人对时间投入的性价比非常敏感。成年人打造社交力，只为"不错过不该错过的人"。

你可以把社交力想象成一盏神灯——之所以要时时擦拭它，

成年人打造社
交力，只为
"不错过不该
错过的人"。

就是为了在那个"不该错过的人"出现时，神灯可以瞬间将你照亮。

社交力是一门综合的艺术，它包括口头表达、逻辑思维、举止仪表、临场应变、察言观色等多项能力。在运用这些能力的时候，你还需要舒适、放松，享受交谈，从容做自己。确实挺难的，尤其对年轻人而言——年轻人在形成自我身份的过程中，被社交媒体上的朋友全天候地观察、比较、评论，这导致他们社交平台使用得越多，在真实社交中就越畏首畏尾、谨小慎微。

其实社交可以很好玩，也有很多工具和方法能帮你驾驭社交场合。我从中选了两个，和你分享，助你一臂之力。

第一个工具是找"交集故事"，做有准备的破冰。

对，哪怕是第一次见面，我们也可以是熟悉的陌生人，因为我们的过往有交集。

有一次，我要去见辉瑞的高管。按照习惯，我会提前在网上搜索他的信息，包括他的工作经历、接受过的采访、参加过的活动、发表过的观点，等等，然后从这些信息中找"交集故事"。要么是地点上的交集（我们都在某个城市生活过），要么是人上的交集（我们都认识某个人），要么是观点上的交集（我认同他的某个观点，并有故事支持）。但那次见面实在匆忙，我没有时间事先做准备，该怎么办呢？

我想到他公司的拳头产品，著名的伟哥。于是，一段陈年往事涌上心头。

见面后一坐下来，我故作神秘地对他说："您知道吗？虽然和您是第一次见面，但我和您公司的'蓝色小药丸'早就结下了不解之缘，我买过好多。"

他有些惊讶："哦？"这个大胆的开场白，他大概没料到。

我说："那些年，我在美国接待国内朋友的时候，'蓝色小药丸'可是他们购物清单上必不可少的商品。而且——"我慢慢压低声音说，"每个人都声称是为朋友买的。"

我们心领神会地大笑起来，接下去的对话就很愉快地展开了。

第一印象的形成速度很快，因为这是潜意识里的行为。**初次见面，出于礼节，大家通常会矜持地打哈哈；如果你能迅速找到细节切入，就很容易锁定对方的注意力，并激发默契。**

在美剧《风骚律师》里，有一个教科书级别的用闲聊开启商务会面的片段：

律师霍华德·哈姆林精神抖擞，和同事一起站在律师事务所大厅里迎接 VIP 客户，梅萨维德银行的总裁凯文·华特尔。

在互相介绍完姓名、职务之后，他们并没有直接谈业务。霍华德便抓紧时机闲聊起来，他说："凯文，跟你说个真事，七岁的时候，我的第一个银行账户就是在梅萨维德银行开的，你信不信？"

总裁饶有兴趣地说："我当然信。我也是。那时还是我爸爸在负责经营呢。"

霍华德抛出细节："我还记得我的一本存折的封面上有一个剪影……"

总裁抢答："是牛仔！"

霍华德继续描述细节，同时向对方展示内心世界的一角："马背上的牛仔，站在仙人掌旁边。我特别喜欢那个牛仔。"

总裁的回应更是带着童真："我当时一直在为买下那匹马攒钱呢。不然，钱对一个七岁的小男孩来说又有什么用呢？"

随后，大家在一片笑声中走向了会议室。无疑，这段开场为他们创造了安全、舒适的氛围。

当然，交谈时的自信来自你充足的准备。为了找到好的"交集故事"，你要提前调研、提前构思，做个有心人。

—

再来看第二个工具，用 BRAVE 做深度联结。

你之前可能听说过，陌生人社交要找"五同"，也就是同乡、同宗、同学、同年、同事。这五同中，如果找到了一同，说明你和对方很有缘分；如果找到了二同甚至三同，就会让你们倍感亲切。

相比较"五同"，哈佛大学丹尼尔·夏皮罗教授提出的BRAVE 模型，是一种更深层次的联结。在跨文化研究中，我把BRAVE 理解为构建一个人文化身份的五大支柱，包括：

Belief：信仰。不仅指宗教，还指他能从什么事物中汲取能量，以精神排污、自我赋能。比如，知识、权力、成就、自然、关系等。

Ritual：仪式。他会规律性地做某事，并赋予其重要意义。

Allegiance：忠诚。他对某个人或某类人保持绝对忠诚。

Value：价值观。他判断是非对错的标准。

Emotionally meaningful experience：那些情感上对他有意义的经历。

终其一生，人们都是在这五大支柱的基础上探索自我、构建自我。如果你认真准备过高校申请的自我陈述、面试、岗位竞聘、绩效面谈等，你可能已经发现了，BRAVE 就是与录取委员会、面试官、上级建立深度联结的关键。

—

如何感知他人的 BRAVE 呢？

第一个途径是去看他的微信朋友圈。BRAVE 中的几个要素在一个人的朋友圈里通常是自洽的。你在浏览朋友圈的时候，可以和自己玩一个游戏，在心中完成下面这道填空题："他在社交媒体上展示的一切只是媒介，他真正想展示的是一个（　　）的自己？"

某人发了自己身着旗袍，怀抱满月小宝宝的照片，这只是媒介，她真正想展示的是一个美丽、自律的自己；某人发布了最新出版的图书的读后感，这只是媒介，他真正想展示的是一个处在文化思想前沿的自己；某人发布了一个小众旅行地点的风景照片，这只是媒介，他真正想展示的是一个有个性、有品位的自己；……而如果某人什么都不在朋友圈发，怎么理解？这也是媒介，他真正想展示的是一个不虚荣、不浮躁的自己。

每个人都是一台巨大的信号发射器。你接收到信号了吗？

不光是微信朋友圈，在一个人的身上和周遭环境里还藏有大量细节，这是你可以感知他的 BRAVE 的第二个途径。

注意到那些细节了吗？办公室里的佛像、桌上摆放的"最棒妈妈"马克杯、墙上标注了个人足迹的世界地图，等等。不要放过它们——当你看见他办公室里有佛像时，你能否顺势讲一下你对因果的认识？当你看见"最棒妈妈"马克杯时，你能否分享一段你和孩子斗智斗勇的趣事？当你看见那张世界地图时，你能否分享一个在旅行中经历的颠覆了你认知的故事？

这些故事背后，蕴藏着双方共同的 BRAVE：虽然我不是佛教徒，但我和你一样，相信因果是世间的真理；我和你一样，懂得做家长的苦与乐；我和你一样，在探索世界的过程中，不断将自己的认知推向新的边界。

第三个途径，当然就是从交谈中即时获取关键信息。

我刚到新加坡时，如果听到对方也是刚搬来新加坡的，我就会跟他说："咱们俩经历很像哦，你知道李光耀先生怎样描述我们这样的人吗？他说，这种愿意在陌生环境重新开始的人，一般都很有进取心和魄力，并一心要取得成功，而这些都是高绩效者的主要特征。"这几句夸张的嘚瑟，总是可以迅速拉近我和对方的社交距离。

其实在交谈中，对方已经说出了他是什么样的人。但请注意，没有人会向你强行表白："我告诉你，我的价值观是……"
每个人的 BRAVE 都蕴含在他的话语、他的故事里。

《寂寞之声》这首歌中，有两句歌词诠释了无效社交的样子："People talking without speaking. People hearing without listening."（人们说而不言，人们听而不闻。）

网络上每隔一段时间就会讨论一次"无效社交"这个话题，也总是有人执意把社交和实力捆绑在一起，认为没实力就不要去社交——这种社会达尔文主义，完全把社交和实力的标准单一化了。

在我看来，即便一个人超有实力，当他想去结识朋友时，不把注意力放在交谈中——他"听"了，却没"听到"——他也注定交不到朋友。这才是无效社交，和有没有实力无关。**所以有人说："我宁可和一个死人在一起，也不要和一个心不在焉的人在一起，因为死人虽然不能给我带来快乐，但至少不会侮辱我。"**

能否与他人建立深度联结，不取决于你们相识的时间长短、交往的频率高低，而取决于你是否读懂了他的 BRAVE，并且被他知道你读懂了。最理想的情况是，你的 BRAVE 和他的 BRAVE 有重叠之处。这可比传统社交技巧中的"五同"厉害多了。

我们有时参加派对，收到的邀请函上会有 dress code（着装要求）。但这个世界更多的是不明说的 code。对上了味，接上了头，才是同类人。

希望上述两个工具能给你带来启发。

在温饱无忧之后，我们追求的不是一生的稳定或一份工作，我们追求的是机遇，是更丰盛的人生。通常改变生活轨迹的就那么几件事，起助推作用的就那么几个瞬间，值得一辈子结交的朋友就那么几位，错过这些，是我们不可接受的损失。

专业技能固然重要，但在这个万物加速的时代，有些技术过三五年就可以丢到垃圾桶了；而我相信，社交力这项软技能，可以和你一起穿越时间。

最后，我对你的期待是，请努力成为你圈子里最差的那个。如果你所处的人群，在智力、品格、经验、思考等任何一个方面都能为你提供榜样，恭喜你！请紧跟这个人群——当你身边都是值得信任和依赖的人时，你的表现定能超越预期。

30th
LETTER

梁宁

著名产品人。曾任湖畔大学创研中心产品模块学术主任，联想、腾讯高管，工作经历横跨 BAT（百度、阿里巴巴、腾讯），与美团、头条、京东、小米等企业有长期深度交流。

即将出版作品：

《真需求》

主理得到 App 课程：

《梁宁·产品思维 30 讲》

《梁宁·增长思维 30 讲》

我亲爱的读者朋友：

见字如面。

罗振宇老师嘱我给你写一封信，谈谈自己行走江湖二十多年，有哪些软技能傍身。

谈具体的软技能之前，先和你说我的一个观察吧——人遇到难事过不去，要么是认知不足，要么是能量不足；但归根结底，还是因为能量不足。

所以，管理能量是比管理时间更本质的人生课题。

我看过很多人在网上分享自己的时间管理心法，把时间切得碎碎的、塞得满满的，每天都在时间格子里跳来跳去，打一个又一个卡，考一个又一个证，晒出一大堆打卡记录和证书作为时间管理的成果。

这确实展示了自己"卷"自己的能力。而我对此的疑问是：在时间格子里生活一段时间后，你的"能量"提升了吗？

你可以做一个简单的测试：曾经把你难住的事情、困住的处境，以你今天的认知和资源是否能轻松化解？

某天，我路过一所小学，看到一个小学生蹲在校门口哭。一问，原来是他丢了20元钱，不敢回家。

20元钱，对任何一个有工作的人来说都不是什么难题，但它可以让一个小孩哭得如遭大难。

我掏出20元给了这个小朋友，告诉他钱放在什么地方不容易丢，然后我边走边想起新闻里那个因学费被骗而自杀的准大学生，一个如花年龄的女孩。但凡那个时候有人向她伸出援手，几年后，当她走上工作岗位再回头看时，她就会发现，曾经让一个人活不下去的钱，现在不过是一个月的工资。

每个人都会遇到难事。深陷其中时，我们都是那个因为丢了20元钱而在校门口痛哭的孩子。但你应该有一个觉知：这么难，是因为自己能量如此；未来自己的能量增长到远高于今天的时候，问题是可以迎刃而解的。

如何提升自己的能量呢？

这个话题可以写一本书。如果只谈一条，我认为是"有意义的人际关系"。

"关系"二字，"关"是联结的指向与目的，"系"是联结的纽带和方法。大学毕业后，我用了十多年来体悟关系这件事。这封信的空间有限，先按照"得到"的惯例，给你"上交付"。

把建立一段关系是出于情感还是出于功利作为纵轴，再把关系的对象是个人还是组织作为横轴，就可以划分出四个象限。下面这张象限图（见图30-1）大致概括了我见过的各种关系类型。

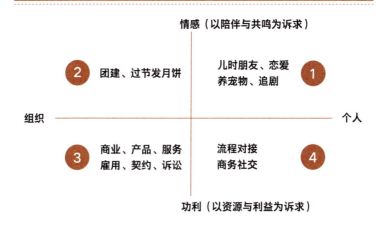

图 30-1　关系象限图 1.0

象限 1 是个人对个人的情感关系，在一起聊得来、有共鸣，彼此分享、互相陪伴，就是关系本身。儿时的朋友就是如此，这是我们关于关系最早期的体验，它也成了我们对关系最美好的期望。

象限 2 是组织对个人的情感关系，比如团建、过节发月饼，组织提供的种种关怀构成了大家浸泡其中的工作氛围和企业文化。

象限 3 是组织对个人的功利关系，这是边界清晰的交易条款，你会在某些时刻体会到它的刚性。

象限 4 是个人对个人的功利关系，因为对彼此的资源、能力有需求而建立的联结是另一种形态的关系。进入社会后，你开始商务社交，把自己压缩为一张二维的名片，名片上印有单位与职位，代表着你在某个坐标系的某个位置，而这个位置又指向某种资源和能力。位置在，关系就在；没有位置，就没有关系。

当然，还有很多关系表现出了跨越多个象限的复杂面向，既有情感的一面，也有功利的一面，既属于个人，也属于组织，你可以把它理解为更具弹性和灰度的关系。

年轻时处理关系的笨拙，很多时候是因为在这几个关系象限里放错了预期。

有一篇红遍网络的文章《公司不是家》曾经引发了无数人的共鸣与共情，而这本质上就是一种预设错位——个人与公司的关系属于象限 3，应该是边界清晰的交易关系；公司购买你的技能点、资源盘和影响力，或者说是你利用公司把自己的技能点、资源盘和影响力变现。而作为员工的你对公司常态化的感知却是象限 2，你感受到的是公司的关怀、培养和温情。但你再想一想，公司付出关怀、培养和温情，并不是这段关系的目的啊。

这种自我感受与关系预期的错位，也曾让我困扰良久。

比如，我把朋友乙推荐给朋友甲，后来乙入职了甲的公司。甲公司的 HR 给我打电话，说老板要给我几万块的猎头费。我非常错愕，觉得这是在羞辱我。

但在甲看来，因为我没有收钱，我们的关系降级了。如果我把猎头费收下，他就可以继续请我帮他找人，而我也会更有动力；我们彼此的预期很清晰，联系也会更紧密。而正因为我不肯收钱，我们之间就成了有一搭没一搭的松散关系，甚至有可能会失去联系。

再比如，我偶然认识了朋友丁，与他一见如故，引为知己。接着我发现，每次他找我都是先闲聊天，然后顺便提起他遇到的一个困难。于是我就会主动说，我可以为他对接某个资源。

之后的某个小聚会里，好巧不巧，在座的几个人都分别收到了丁发来的信息，每个人都认为丁是单独发给自己的，也都认真对待了。我和坐在我左边的朋友说话，他收到了丁的微信；我又扭脸和右边的朋友说话，她正在回丁的微信。

我有了某种顿悟，那种一见如故，其实是丁的技能点。

于他来说，认识每一个人都像开盲盒一样有趣。所以他有极大的好奇心和耐心听一个人讲自己的故事，并坦露他的想法，让对方大起知己之感。

丁非常享受社交，也极大地收获了主动社交的红利。当然也可以反过来说，他享受到了主动社交的红利，所以继续主动社交，社交技能不断增强，形成了增强回路。

在那一瞬间，我对丁产生了某种排斥心理，因为我完全可以想象，在他的"人脉云"里，我大约被打上了什么样的标签。当他遇到某类问题时，就会通过相关标签找到我。

我当他是朋友，而他当我是一个资源包或者技能点，这让我有受伤的感觉。

—

这种与人交往中反复受伤的感觉让我思考，甲和丁为什么要这样做？他们的做法是对还是错？还有，我的受伤感来自哪里？我应该如何应对，如何与人交往？

然后我看到了自己的幼稚——已然成年的我，还像一个孩子，认为只有个人化、情感化的关系才是友谊的样子，才是美好的、高尚的、值得维系的。

我就这样把和朋友甲的关系预设在象限 1 里，他找我帮忙，事成了他开心我也开心。当然，我也有一个内在的预期，就是当我请他帮忙的时候，他也应该帮我，否则会伤感情。

这就叫幼稚。

因为现实是，作为一个创业者、一个企业家，朋友甲的企业是他的法身，是比他的肉身与情感更重要的存在。他缔结的大部分关系，都是与他企业的关系，都在象限 3，所以才是他的 HR 给我打电话谈付费。而反过来，如果我找他帮忙，他也会从企业利益出发，判断帮还是不帮。这与所谓的有没有交情、开不开心一点关系都没有。

我把和朋友丁的关系同样设定在象限 1，而事实上，我们的关系应该在象限 4。作为一个主动社交者，吸引丁投身社交的，就是每个人身上的资源。所以，他看到了我的某些资源或者能力，是这段关系的起点；他有问题来找我，而我能持续表现出价值，则是关系能够维持的原因——并不是因为我们聊天聊得很尽兴。

看清这一点，我的新问题是：我还要继续和甲、丁做"朋友"吗？或者说，我需要什么样的朋友？我应该对什么样的关系主动投入？

基于这些问题，我迭代了一版关系象限图（见图30-2），用它来指导我的社交。如果说前一版象限图是我对社交网络的世界观，这一版新的象限图则是我在人生观指导下的社交内在秩序。这里与你一并分享。

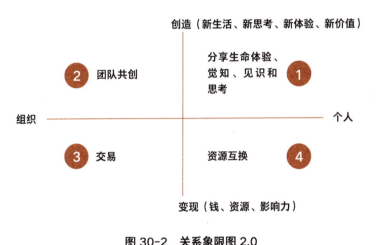

图30-2　关系象限图2.0

人生就是创造与变现，这是我一直以来的人生观。用更文雅的表述来说就是：**创造新价值，并让价值流动**。

得到App的很多用户知道，我一直在为创新鼓与呼。创新本身是不赚钱的，它只是投入成本做出以前没有的东西，赚钱来自变现。很多商人的成功，是找到了可持续变现的东西；很多创新的不成功，是它无法变现，因而不可持续。

我的人生需要的，是能与我一起创新的人（或组织），或者能帮我变现的人（或组织）。所以这一版象限图上的各种关系，是我人生观主线上的关系，也是我应该主动去投入、联结的关系。这个过程中，纵使联结体验稍有不爽，我也应该忍耐并努力维系关系（缘分）。

如果一个人（或组织）既不能帮助我创新，也不能帮助我变现，我还要给他（它）帮忙吗？如果事到眼前，只需举手之劳，且与人有益，当然应该帮。只是要当自己的帮忙如风过耳，不必对后续有所期待。生命能量有限，当用在使命有关上。

以上就是我自己行走江湖，从笨拙到主动，处理人际"关系"的故事。

回到信的开头，我和你谈到关系这件事，是因为"能量管理"。

好的关系，一定能让你的能量是增强与流动的，而不是压缩与限制的。一段关系带给你的能量感知，相信你一定有认识。

有人测量过不同情绪体验下的能量频率，发现"幸福"是一种极高的能量状态。而哈佛大学的一项研究成果说，人的幸福无关金钱，人际关系才是唯一重要的因素。

过去三年，堪称沧海桑田；未来十年，必然日殊月异。**我们每个人，都有可能主动或被动地去到新的领域、新的空间，在新的坐标系里缔结新的联结。**

愿你能够笃定，以内在秩序应对外界的变幻。

愿你能够识别出哪些是有意义的关系，哪些是值得珍惜的缘分，并好好把握。

愿你能量增长，
今天困扰你的，
在未来回看时不
值一哂。

愿你能量增长，今天困扰你的，在未来回看时不值一哂。

愿你在任何处境里，都拥有幸福的能力。

31st
LETTER

第三十一封信

说明：你可以在本页写下你想创作的主题和你的姓名。

个人简介

说明：你可以从本页开始写作你的《软技能》文章，也欢迎你在社交平台分享你对软技能的思考，与身边的人一起修炼软技能。

第三十一封信：

图书在版编目（CIP）数据

软技能 ／ 刘擎等著 . -- 北京：新星出版社，2023.6（2023.9 重印）
ISBN 978-7-5133-5108-9

Ⅰ.①软… Ⅱ.①刘… Ⅲ.①能力培养－通俗读物
Ⅳ.① G421-49

中国版本图书馆 CIP 数据核字（2022）第 231904 号

软技能

刘擎　等著

责任编辑：白华召		**封面设计**：远山文化　李一航	
总 策 划：罗振宇　脱不花		**版式设计**：李岩　李一航	
策划编辑：翁慕涵　王青青　张慧哲		**内文制作**：吴九	
营销编辑：陈宵晗　许晶　张羽彤		**责任印制**：李珊珊	

出版发行：新星出版社
出 版 人：马汝军
社　　址：北京市西城区车公庄大街丙 3 号楼　100044
网　　址：www.newstarpress.com
电　　话：010-88310888
传　　真：010-65270449
法律顾问：北京市岳成律师事务所

读者服务：400-0526000　service@luojilab.com
邮购地址：北京市朝阳区温特莱中心 A 座 5 层　100025

印　　刷：北京盛通印刷股份有限公司
开　　本：880mm×1230mm　1/32
印　　张：12.5
字　　数：258 千字
版　　次：2023 年 6 月第一版　2023 年 9 月第四次印刷
书　　号：ISBN 978-7-5133-5108-9
定　　价：69.00 元